Canciones inmortales

Edición de: Joan Edo Moreno

MA

NON

TROPPO

Diseño de cubierta: Regina Richling
ISBN: 978-84-18703-80-5
Depósito legal: B-2.708-2024

Impreso por Edicions 44
Carrer Antoni Gaudí 7 (Pol. Ind El Cros)
08349 Cabrera de Mar (Barcelona)

Impreso en España - *Printed in Spain*

ÍNDICE

PALABRAS DE LIBERTAD

Medina Azahara

```
RE
Quisiera coger el viento, que pasa cerca de mí

SIm                   FA#m
quisiera cerrar los ojos

  SOL                 LA
detener el tiempo aquí.


RE
quisiera poder mirarte, quedarme dentro de ti.

SIm                FA#m
quisiera ser la esperanza,

  SOL               LA
que te ayude a vivir.


RE
Quisiera romper la pena secar tu llanto de sed

SIm                FA#m
ser libre como tu sueño,

SOL              LA
y ver el día nacer


RE
oscura como la noche se acerca la soledad

SIm              FA#m
y por las calles se oyen

SOL                 LA
palabras de libertad.

     MIm              LA
ser el dueño de tus labios,

     MIm             LA
de tu boca despertar

      MIm               LA
los sentimientos de un beso

     MIm         LA      LA
y robar tu libertad.


SIm SI#m SIm LA
```

A GRITOS DE ESPERANZA

Alex Ubago

Intro:

SOL RE MIm SIm DO

SOL RE MIm SIm DO

SOL RE MIm SIm DO

A pesar de que la luna no brille mañana,

SOL RE MIm SIm

me dará igual, solo verte reír es lo que me hace feliz,

DO

mi alma...

SOL RE

Y es verdad que una mirada distinta

MIm SIm DO

o algún gesto más frío se clava

SOL RE

en mi pecho, daga del desconcierto,

MIm SIm DO

pero amor, ahí está la magia.

DO RE

Ahora que te veo niña, ya te echo de menos,

SOL SIm MIm

no imagino mis heridas si algún día te vas lejos.

DO RE

Querría por esto...

SOL RE

Que si preguntan por mí

MIm SIm

no les digas donde fui,

DO

que tu alma sea fuerte

RE

y cuando mires hacia el frente

SOL SIm MIm

no recuerdes todo lo que no te di.

DO
Y es que quedan tantas cosas

RE
por contarte y que me cuentes.

SOL SIm MIm
Tantos ratos y pasiones por vivir...

DO RE
a tu lado...mi vida...

SOL RE MIm SIm DO SIm SOL RE MIm DO RE]
a tu lado...

SOL RE MIm SIm DO
Ojalá, que nuestros ojos sí brillen mañana,

SOL RE
que tu voz siga pidiéndome a gritos amor,

MIm SIm DO
a gritos de esperanza.

DO RE
Y ahora que te tengo no pienso perder el tiempo

SOL SIm MIm
ni perderme por mi absurdo ego ni un solo momento,

DO RE
se esfuma...el miedo...

SOL RE
Si preguntan por mí

MIm SIm
no les digas donde fui,

DO
que tu alma sea fuerte

RE
y cuando mires hacia el frente

SOL SIm MIm
no recuerdes todo lo que no te di.

DO
Que tu luz brille por siempre

RE
porque tú te lo mereces

SOL SIm MIm
y perdona si algún día pretendí

DO RE
que no fueras...tu misma...

SOL RE
Y si preguntan por ti,

MIm SIm
solo diré que te vi

DO RE
en mis sueños una noche y sólo sueño desde entonces

SOL SIm MIm
para verme cada día junto a ti.

DO
Y es que quedan tantas cosas

RE
por contarte y que me cuentes,

SOL SIm MIm
tantos ratos y pasiones por vivir...

DO RE
a tu lado...mi vida...

SOL RE MIm SIm DO SOL
a tu lado...

DEVÓRAME OTRA VEZ

Azúcar Moreno

SOL, LAm.

SOL RE7
He llenado tu tiempo vacío de aventuras más
LAm RE7 SOL REm SOL7
y mi mente ha parido nostalgias por no verte ya
DO SIm MI7
y haciendo el amor te he nombrado sin quererlo yo
LAm SI7
porque en todas busco lo salvaje de tu sexo amor.

SOL RE7
Hasta en sueños creí yo tenerte devorándome
LAm RE7 SOL FA#m SI7
y he mojado mis sábanas blancas llorándote.
MIm
En mi cama nadie es como tú,
DO RE7
no he podido encontrar la mujer
que dibuje mi cuerpo en cada rincón
SI7
sin que, sobre un pedazo de piel, ven.

MIm LAm
Devórame otra vez, ven, devórame otra vez,
RE7
ven, castígame con tus deseos más,
SOL SI7
que el vigor lo guardé para ti, ay, ven,
MIm LAm
devórame otra vez, ven, devórame otra vez,
RE7
que la boca me sabe a tu cuerpo;
SOL SI7
me desvelan mis ganas por ti.

ME QUEDARÉ SOLO

Amistades Peligrosas

```
DO     SOL         MIm
Gritar quién o cuál,

            LAm
ahora da igual,

               DO
te juro de igual


           DO        MIm
que hagas bien o mal,

                LAm
si es que al final

la gente se va y ahí estás.


 SOL                  RE
A ti que puedes arreglar mi vida,

   DO                  MIm       RE
capaz como eres de ser día a día...

    SOL           RE
...Tía, sin tu alegría

            DO
seré un pringa´o.

          MIm       RE
Yo no merezco la pena.

  SOL           RE
Tía, sin tu valía

             DO
caeré en pica´o.
```

MIm RE
Me quedaré solo...

DO SOL MIm
...Sabes bien, tal vez

LAm
no pueda cambiar,

DO
no vaya a cambiar jamás.

SOL MIm
Caer bien o mal,

LAm
se acerca el final,

Mi triste final.

SOL RE
Y tú que ansías controlar mi vida.

DO MIm RE
La paz con guerras son mi día a día...

...Si un día sin tu alegría seré un pringa'o...
...sin tu valía caeré en pica'o...

EL AMAR NO ES QUERER

Antonio Orozco

```
RE                    LA
Clemencia a un vuelo

RE                     LA
del amar al querer,

RE        LA
barrera invisible que salto

          RE                    SOL        LA
como un preso las paredes en sueños.


RE                  LA                    RE        LA
Se me pierde la vista en tu cuerpo

      RE               SOL              LA        SOL
y la encuentro de nuevo entre besos.


SOL              SIm                   LA
Háblame y me perderé

SOL         LA
del amar al querer,

SOL          SIm               LA
bésame y me perderé

SOL                LA
que el amar no es querer.


RE                LA       RE            LA
Una vez intenté escribir al querer

RE               SOL          LA
y de casas, coches y fiestas canté.

RE              LA            RE            LA
Mirándote lo volví a hacer

      RE     SOL      LA
y de besos, abrazos y amores canté.
```

SOL SIm LA
Ámame y me perderé

SOL LA
del amar al querer,

SOL SIm LA
bésame y me perderé

SOL LA
que el amar no es querer.

SOL SIm LA
Háblame y me perderé

SOL LA
del amar al querer,

SOL SIm LA
bésame y me perderé

SOL LA
que el amar no es querer.

RE LA RE LA
Puedes querer, pero pisa bien

RE SOL LA
que el amar no es querer y te puedes perder.

SOL SIm LA
Ámame y me perderé

SOL LA
del amar al querer,

SOL SIm LA
bésame y me perderé

SOL LA
que el amar no es querer.

SOL SIm LA
Háblame y me perderé

SOL LA
del amar al querer,

SOL SIm LA
bésame y me perderé

SOL LA
que el amar no es querer.

ANTE TODO

Café Quijano

SOL.M RE.M DO-M SOL.M

SOL.M RE.M DO-M SOL.M

SOL.M RE.M DO.M SOL.M
Ante todo, trato de explicarte lo que quiero de ti.

RE.M DO.M SOL.M
Ante todo, quiero que tu seas alguien muy normal.

RE.M DO.M SOL.M
Ante todo, quiero que me trates como yo te trato a ti.

RE.M DO.M SOL.M
Ante todo, trato de explicarte lo que quiero de ti.

MI.m SOL.M MI.m SOL.M
Sueña hasta que te duermas. Duerme y ya no soñaras,

RE.M DO.M SI.m
Solo sentirás que tu alma viene y va,

RE.M DO.M SOL.M
Solo sentirás que tu alma viene y va.

SOL.M RE.M DO.M SOL.M
Ante todo, trato de explicarte lo que quiero de ti.

RE.M DO.M SOL.M
Ante todo, quiero que descubras lo dulce de la vida.

RE.M DO.M SOL.M
Ante todo, quiero que me juzgues por lo que ves en mí.

RE.M DO.M SOL.M
Ante todo, trato de explicarte lo que quiero de ti.

ESOS OJOS NEGROS

Duncan Dhu

```
SOL                 SOL7                       DO
   Esos ojos negros    esos ojos negros no los quiero ver llorar

    LA7              RE                    DO         RE
tan solo quiero escuchar dime lo que quiero oír dime

           DO      RE                DO              SOL RE REsus4
que vas a reír dime    dime ahora que duerme la ciudad

RE SOL                  SOL7                        DO
   Hace ya algún tiempo    hace ya algún tiempo que tu voz

              LA7                RE                  DO
parece ser una pluma y un papel que cuentan que vas a volar

        RE             DO        RE               DO           SOL
en sueños que serán tus ojos negros los que me iluminen al andar


     SOL                           SIm
La lluvia cae sobre el suelo gris el tiempo pasa

                    SOL
y no puedo reír la noche es larga mi voz amarga

SIm                            RE
hoy he visto despertar el sol y tus pupilas brillarán

        DO       RE        SOL   MIm   DO     RE
pero espera descuida que ya verás los buenos tiempos

SOL  SOL7       DO       RE       SOL      MI7
volverán, pero espera descuida que ya vendrán

  DO       RE        SOL  RE  REsus4 RE
la lluvia los devolverá


SOL                 SOL7                       DO
   Esos ojos negros    esos ojos negros no los quiero ver llorar

    LA7              RE                    DO         RE
tan solo quiero escuchar dime lo que quiero oír dime

           DO
que vas a reír dime

RE              DO          SOL
   dime ahora que duerme la ciudad [Bis]


DO   SOL   FA#   SOL
```

HASTA SIEMPRE COMANDANTE

Carlos Puebla

```
LAm    REm          MI
Aprendimos a quererte

LAm    REm         MI
desde la histórica altura

LAm       REm          MI
donde el sol de tu bravura

LAm       REm          MI
le puso cerco a la muerte


LAm       REm         MI
Aquí se queda la clara

LAm       REm            MI
la entrañable transparencia

    LAm            SOL
de tu querida presencia

FA                MI7
comandante CHE GUEVARA


LAm         REm              MI
Tu mano gloriosa y fuerte

LAm     REm          MI
sobre la historia dispara

LAm       REm            MI
cuando todo Santa Clara

LAm       REm            MI
se despierta para verte


LAm       REm         MI
Aquí se queda la clara

LAm       REm            MI
la entrañable transparencia

    LAm            SOL
de tu querida presencia

FA                MI7
comandante CHE GUEVARA
```

LAm REm MI
Vienes quemando la brisa

LAm REm MI
con soles de primavera

LAm REm MI
para plantar la bandera

LAm REm MI
con la luz de tu sonrisa

LAm REm MI
Aquí se queda la clara

LAm REm MI
la entrañable transparencia

LAm SOL
de tu querida presencia

FA MI7
comandante CHE GUEVARA

LAm REm MI
Tu amor revolucionario

LAm REm MI
Te conduce a nueva empresa

LAm REm MI
Donde espera la firmeza

LAm REm MI
De tu brazo libertario

LAm REm MI
Aquí se queda la clara

LAm REm MI
la entrañable transparencia

LAm SOL
de tu querida presencia

FA MI7
comandante CHE GUEVARA

LAm REm MI
Seguiremos adelante

LAm REm MI
Como junto a ti seguimos,

LAm REm MI
Y con Cuba te decimos:

LAm REm MI
¡hasta siempre COMANDANTE!

LA GOTA FRÍA

Carlos Vives

LAm
Acordate Moralito de aquel día

MI7
que estuviste en Urumita

LAm
y no quisiste hacer parranda.

MI
Te fuiste de mañanita

LAm DO-
SOL7
sería de la misma rabia (bis)

DO SOL7
En mis notas soy extenso

DO
a mí nadie me corrige (bis)

LAm MI
para tocar con Lorenzo

LAm
mañana sábado, día e´ la Virgen (bis)

MI
Me lleva él o me lo llevo yo

LAm
pa' que se acabe la vaina (bis)

MI
¡Ay ! Morales a mí no me lleva

LAm
porque no me da la gana

MI
Moralito a mí no me lleva

LAm
porque no me da la gana.

LAm-DO

LAm DO
Qué cultura, qué cultura va a tener

MI
un indio chumeca

LAm
como Lorenzo Morales.

MI
Que cultura va a tener si

LAm DO-SOL7
nació en los cardonales (bis).

DO SOL7
Morales mienta mi mama

DO
solamente pa' ofender (bis)

LAm MI
para que él también se ofenda

LAm
ahora le miento la de él. (bis)

MI
Me lleva él o me lo llevo yo

LAm
pa' que se acabe la vaina (bis)

MI
¡Ay ! Morales a mí no me lleva

LAm
porque no me da la gana

MI
Moralito a mí no me lleva

LAm
porque no me da la gana.

MI
Moralito, Moralito se creía

LAm
que el a mí, que él a mí me iba a ganar

MI
Y cuando me oyó tocar

LAm
le cayó la gota fría (bis)

LAm
Al cabo e´ la compartía

LAm
el tiro le salió mal (bis)

ATRÉVETE

Chenoa

SOL LAm DO LA#
Ah aaa ah aaa ah aaa ah aaa

SOL LAm DO LA#

SOL LAm
El amor es muy largo

DO LA#
tan mágico y fugaz.

SOL LAm
Embruja tu corazón

DO LA#
sabe a libertad

LA# DO
regalo de vida

REm DO
intenso licor

LA# DO
atrápalo al vuelo

SOL LA
es cuestión de valor

REm SOLm LAm LA#
Ven y atrévete, sedúceme.

REm SOLm LAm LA#
soy lo mejor que va a pasarte

REm SOLm LAm LA#
enrédame, conquístame

REm SOL
ven y arriésgate

LA
conéctame a mí.

REm SOL
Cuando miro tus ojos

LAm LA#
puedo adivinar

REm SOL
te mueres de ganas

LAm LA#
porque disimular

REm SOL
Estás asustado

LAm LA#
lo quieres verdad?

REm SOL
tu piel ya lo sabe

LAm LA#
tiene que llegar.

REm SOL
Ven y atrévete...

AVE MARÍA

David Bisbal

```
SOL          RE
Ave María cuando seras mía

DO                   MIm
si me quisieras todo te daría

SOL           RE
Ave María cuando seras mía

DO                          MIm
al mismo cielo yo te llevaríaaa.


SOL-RE-DO-MIm

SOL-RE-DO-MIm


SOL            RE    DO   MIm
Dime tan solo una palabra

SOL                      RE
Que me devuelva la vida

    DO                   MIm
y se me quede en el alma

  SOL      RE       DO          MIm
Por que sin ti no tengo nada

  SOL                         RE
Envuélveme con tus besos

   DO                  MIm
Refúgiame en tu guarida


SOL                RE
Y cuando yo te veo

   DO            MIm
No sé lo que siento

SOL                RE
Y cuando yo te tengo

   DO                  MIm
me quemo por dentro

SOL                 RE
y más y más de ti

  DO             MIm
yo me enamoro
```

SOL RE
Tú eres lo que quiero

DO MIm
Tú eres mi tesoro

SOL RE
Ave María cuando seras mía

DO MIm
si me quisieras todo te daría

SOL RE
Ave María cuando seras mía

DO MIm
al mismo cielo yo te llevaríaaa.

SOL RE DO MIm
Sin ti me siento tan perdido

SOL RE
Enséñame la salida

DO MIm
Llévame siempre contigo

SOL RE
Protégeme con tu cariño

DO MIm
Enciéndeme con tu fuego

SOL RE DO MIm
y ya mas nada te pido nada te pido

SOL RE
Y cuando yo te veo

DO MIm
No sé lo que siento

SOL RE
Y cuando yo te tengo

DO MIm
me quemo por dentro

SOL RE
y más y más de ti

DO MIm
yo me enamoro

SOL RE
Tú eres lo que quiero

DO MIm
Tú eres mi tesoro

SOL RE
Ave María cuando seras mía

DO MIm
si me quisieras todo te daría

SOL RE
Ave María cuando seras mía

DO MIm
al mismo cielo yo te llevaríaaa.

SOL RE
Ave María cuando seras mía

DO MIm
si me quisieras todo te daría

SOL RE
Ave María cuando seras mía

DO MIm
al mismo cielo yo te llevaríaaa.

AMO TANTO LA VIDA

Ismael Serrano

DOm SOL* LA#* FA* SOL# DOm DOm/LA# FA/LA SOL** SOL7* DOm

```
              SOL*                    LA#*                      FA*       SOL#
Amo tanto, amo tanto la vida, que de ti me enamoré,

                        DOm      DOm/LA# FA/LA                        SOL** - SOL7* DOm
y ahora espero impaciente             ver contigo amanecer.

                     SOL*   LA#*                 FA*       SOL#
Si se acaba este milagro, si se consume mi voz,

                        DOm      DOm/LA# FA/LA                      SOL**    SOL7*  DO
si me das un último portazo,              ¿en qué calle moriré yo?


                         SOL   MI7         LAm9              MIm9        FA
Estás tan bonita esta noche, te sienta el pelo recogido tan bien.

                         DO FA                  SOL
Pídeme cualquier deseo, poco te puedo ofrecer.

DO                      SOL   MI7       LAm9    MIm9       FA
Lloras, gritas, bajo la lluvia, como el ángel Lucifer.

                          DO      FA                SOL
Somos de nuevo herida abierta, mala tierra trágame.


            SOL*                    LA#*                      FA*    SOL#
Amo tanto, amo tanto la vida, que de ti me enamoré,

                     DOm DOm/LA# FA/LA                      SOL**      SOL7* DOm
y de amarte tanto, tanto,         puede que no te ame bien.

                     SOL*                LA#*                   FA*       SOL#
Si yo fuera tu asesino conmigo nunca tendría clemencia,

                         DOm DOm/LA# FA/LA                          SOL**        SOL7* DO
y me condenaría a muerte,             que es condenarme a tu ausencia.


                            SOL   MI7            LAm9               MIm9          FA
Que no haya más despedidas, que no eres Ilsa Lazlo ni yo Rick Blaine,

                   DO FA                  SOL
ni soy tan idiota, no te dejaría ir con él.

  DO                           SOL MI7 LAm9                       MIm9        FA
El próximo avión que tomes          conmigo lo tendrás que hacer,

                      DO FA                SOL
y el camino de regreso yo te lo recordaré.
```

CUERPO CON CUERPO

Efecto Mariposa

SIm
Dame tu amor dame tu aliento,

MIm LA
quítame la soledad que a veces siento,

RE
dame tu voz que pueda oírte,

LA
son tantas cosas que decirte,

SIm MIm LA
y no hay nada en este mundo que pueda romper un amor tan puro,

RE LA
tengo el alma enamorada que me deja si te vas,

LAm7 RE 7/4 LAm7 MI
cerrar los ojos a la realidad y no me atrevo a preguntar si algún día tu volverás...

RE
Acércate a mi cuerpo con cuerpo,

MIm
y porqué no darnos el último beso,

LA RE
que ahora es el momento de partir.

SIm
Llega el silencio llega un deseo,

MIm
tocar tu piel de terciopelo,

LA RE
y deja una sonrisa para mí.

SIm
Estoy triste no me llamas

MIm LA
paso el día entre tus cartas

RE
versos de locura incontrolada

LA
que me miman cuando faltas

SIm MIm LA
y no hay nada en este mundo que pueda romper este amor tan puro

RE LA
tengo el alma enamorada que me deja si te vas.

RE
Acércate a mi cuerpo con cuerpo,

MIm
y porqué no darnos el último beso,

LA RE
que ahora es el momento de partir.

SIm
Llega el silencio llega un deseo,

MIm
tocar tu piel de terciopelo,

LA RE
y deja una sonrisa para mí.

SIm
Acércate a mi cuerpo con cuerpo,

MIm
y porqué no darnos el último beso,

LA RE
que ahora es el momento de partir.

SIm
Llega el silencio llega un deseo,

MIm
tocar tu piel de terciopelo,

LA RE
y deja una sonrisa para mí.

LAm7 RE 7/4 LAm7 MI
cerrar los ojos a la realidad y no me atrevo a preguntar si algún día tu volverás

RE
Acércate a mi cuerpo con cuerpo,

MIm
y porqué no darnos el último beso,

LA RE
que ahora es el momento de partir.

SIm
Llega el silencio llega un deseo,

MIm
tocar tu piel de terciopelo,

LA RE
y deja una sonrisa para mí.

AMORES DE BARRA

Ella Baila Sola

SOL DO9 SOL RE (2) SOL DO9 SOL

SOL   DO9   SOL   RE
Te has llevado sólo lo que yo quería

SOL   DO9   SOL   RE
me has dejado bailando bajo la luz del día

SOL   DO9   SOL   RE   SOL
sólo ha sido la historia que se acaba cuando sale el sol

      RE
y así es mejor

                         SOL   DO9
Amores de barra y un lápiz de labios mal puesto en el

RE
baño

                    SOL   DO9   RE
colirio en los ojos pegote de rímel la copa en la mano

                         SOL   DO9 SOL
y vuelvo a tu lado

SOL   DO9   SOL   RE
Calculando no acercarme demasiado

SOL   DO9   SOL   RE
planeando la manera de manejar tus manos

SOL DO9   SOL   RE   SOL   RE
te comparo con el resto del ganado y decido dar un paso
más

                         SOL   DO9
Amores de barra y un lápiz de labios mal puesto en el

RE
baño

                    SOL   DO9   RE
colirio en los ojos pegote de rímel la copa en la mano

  DO
Son las doce hasta las cinco te utilizaré

SOL   RE
no hace falta que mañana te vuelva a ver

DO
sólo un coche necesito para volver

SOL RE
chao cariño esta noche lo he pasado bien

SOL DO9 SOL DO9 RE
na na na...

SOL DO9
Amores de barra y un lápiz de labios mal puesto en el

RE
baño

SOL DO9 RE
colirio en los ojos pegote de rímel la copa en la mano

SOL DO9
Amores de barra y un lápiz de labios mal puesto en el

RE
baño

SOL DO9 RE
colirio en los ojos pegote de rímel la copa en la mano

SOL DO9 SOL
y vuelvo a tu lado

AMOR EN CONTRA

Eros Ramazzotti

DO   FA
Sé que acaso te sorprenderé

DO   FA
pero soy el mismo que era ayer

REm
al que si le daban fuerte

SOL
se volvía más rebelde

REm   SOL
aunque a veces hoy yo puedo dar

FA
amor en contra.

DO   FA
Yo no quiero ya ser parte y juez

DO   FA
si algo marcha mal o marcha bien

REm
ese ya no es mi problema

SOL
pues la realidad más cruda

REm   SOL
solo con amor me enfrentaré

    FA   DO
al menos probaré.

                FA   SOL DO
Amor en contra de la insensatez

                FA   SOL   DO
amor en contra de la estupidez

                     FA   SOL MI LAm
de todo aquel que no lo sabe dar a mi modo

FA   SOL   DO
amor en contra del resto del mundo.

LAm SOL FA
Si funcionara yo no lo sé

SOL LAm SOL FA SOL
no lo puedo asegurar

LAm LA FA
pero es mi manera de pensar

SOL
no te quepa duda.

DO FA
Si te callas no tendrás razón

DO FA
nunca harás valer tu opinión

REm
no podrás gritarle al odio

SOL
de qué parte estás decide

REm SOL
de la del amor igual que yo

FA DO
o puede ser que no.

FA SOL DO
Amor en contra de la soledad

FA SOL DO
amor en contra de la adversidad

FA SOL MI

LAm
yo me defenderé a costa de dar a todos

FA SOL DO
amor en contra del resto del mundo.

FA SOL MI

LAm
Amor en contra de quien no sabrá
liberarse

FA SOL
amor de dentro, de mis sentidos

DO FA DO FA DO
por ti.

BARRA AMERICANA

Fito & Fitipaldis

REm LA7 REm

REm LA7
Barra americana de precios baratos

REm
aquí nadie se fija si te brillan los zapatos.

REm LA7
Vestidos ajustados de muchos colores,

REm
El ventilador te mezcla todos los olores.

DO REm
Ven hacia mí

DO REm
podemos hablar tranquilos

DO REm
Ven hacia mí

LA# DO
Esta noche puedes ser feliz.

REm LA7 REm

LA7

REm LA7
Aquí la tentación está apoyada en una barra

REm
El pelo es amarillo como el whisky de garrafa.

REm LA7
Sería mucho más fácil recitar la biblia en chino

REm
Que irse con Mary Luz sin un duro en el bolsillo.

DO REm
Ven hacia mí

DO REm
podemos hablar tranquilos

DO REm
Ven hacia mí

LA# DO
Esta noche puedes ser feliz.

Dm A7 Dm A7 Dm Bb A7 Dm Bb A7 Dm Bb A7 Dm

DO REm
Ven hacia mí

DO REm
podemos hablar tranquilos

DO REm
Ven hacia mí

LA# DO
Esta noche puedes ser feliz.

DO REm
Ven hacia mí

DO REm
podemos hablar tranquilos

DO REm
Ven hacia mí

LA# DO
Esta noche puedes ser feliz.

AL CALOR DEL AMOR EN UN BAR

Gabinete Caligari

MIm FA#7 SI7
Amor, la noche ha sido larga y llena de emoción

MIm FA#7 SI7
Pero amanece y me apetece estar juntos los dos

LAm MIm FA#7 SI7
Bares qué lugares tan gratos para conversar

LAm MIm SI7 MIm
No hay como el calor del amor en un bar

MIm FA#7 SI7
Amor, no he sabido encontrar el momento

MIm FA#7 SI7
Justo pues con el frío de la noche no estaba a gusto

LAm MIm FA#7 SI7
Mozo ponga un trozo de bayonesa y un café

LAm MIm SI7 MIm
Que a la señorita la invita mesie

MI FA#7 SI7
Las alondras nos observan sin gran interés

MI FA#7 SI7
El camarero está leyendo el As con avidez

LAm MIm FA#7 SI7
Bares qué lugares tan gratos para conversar

LAm MIm SI7 MIm
No hay como el calor del amor en un bar

MIm FA#7 SI7
Amor, aunque a estas horas ya no estoy muy entero

MIm FA#7 SI7
Al fin llegó el momento de decirlo te quiero

LAm MIm FA#7 SI7
Pollo otro bollo no me tenga que levantar

LAm MIm SI7 MIm MI7
No hay como el calor del amor en un bar

```
LAm          MIm    FA#7              SI7
Jefe no se queje y sirva otra copita más

LAm                   MIm     SI7         MIm
No hay como el calor del amor en un bar

LAm   MIm      SI7       MIm
El calor del amor en un bar

LAm   MIm      SI7       MIm
El calor del amor en un bar
```

SI DE AMOR YA NO SE MUERE

Gianni Bella

SI
Si acaso nuestro amor

MI
de nuevo fracasara

LA#m
sería lo peor

RE#
que nos pasara

SI
lo que hubo entre los dos

LA#m
no se hizo en un momento

DO#m MI
a ti no te compré

FA#
por eso no te vendo

SI SOL#m MI FA#
Tú

SI SOL#m MI
Tristemente tú

FA# RE#m SOL#m MI
me dijiste cuando me aleje

FA# RE#m SOL#m MI
que 'de amor ya no se mue e ere'

FA# SI SOL#m MI FA#
mas muriendo me marché

SI SOL#m MI
Pero estoy aquí

FA# RE#m SOL#m MI
tras un año he comprendido que

FA# RE#m SOL#m MI
si de amor ya no se muer e ere

FA# SI
yo sin ti no viviré

SI
Abrázame también

MI
qué importa que nos vean

LA#m
si sabes que me hace tanto bien

RE#
quizás comprendas

SI
que se han de aprovechar

MI
todos los minutos

LA#m
después nos faltarán

RE#
si no vivimos juntos

SI SOL#m MI FA#
Tú

SI SOL#m MI
que me ocultas tú

FA# RE#m SOL#m MI
si otro amor tuvieras dilo aquí

FA# RE#m SOL#m MI
poco cuesta confesaaa arlo oo

FA# SI SOL#m MI
pues te veo sonreír

FA# SI SOL#m MI
No podrás mentir

FA# RE#m SOL#m MI
tu tenías la razón quizás

FA# RE#m SOL#m MI
si de amor ya no se mueee ere ee

FA# SI SOL#m MI
algo en mí se morirá

FA# SI SOL#m MI
Si me dejas tuuuuuu

FA# RE#m SOL#m MI
nuestra historia tiene mal final

FA# RE#m SOL#m MI
y si de amor ya no se mueee ere ee

FA# SI SOL#m MI
algo en mi se morirá

FA# SI SOL#m MI FA# RE#m SOL#m MI
huuu huu huu huuuu

MARTA TIENE UN MARCAPASOS

Hombres G

```
       LA (5º)      FA#m
Marta tiene un marcapasos

        LA            FA#m
Que le anima el corazón

           LA         FA#m
No tiene que darle cuerda

        MI     SI
Es automático


          LA        FA#m
Puedes oir sus pataditas

      LA        FA#m
Está vivo creo yo

          LA         FA#m
Marta tiene un pasajero

       MI    SI      MI     SI
En su corazón, en su corazón


DO             SOL
Siento un golpe en el pecho

FA         FA
Yo sólo quería besarte

DO        SOL
Ha salido el marcapasos

FA             FA
Entre vísceras y sangre


DO          SOL
Mírale qué ojitos tiene

FA          FA
Es idéntico a su padre,

SOL        SOL
es idéntico a su padre
```

LA (5°) FA#m
Juega con todos los niños

LA FA#m
Les arranca el corazón

LA FA#m
Se los come con tomate

MI SI
Qué simpático

LA FA#m
No hay criatura mas hermosa

LA FA#m
Que el pequeño marcapasos

LA FA#m
Marta estalla como loca

MI SI MI SI
Del manicomio, del manicomio

DO SOL
Siento un golpe en el pecho

FA FA
Yo sólo quería besarte

DO SOL
Ha salido el marcapasos

FA FA
Entre vísceras y sangre

DO SOL
Mírale qué ojitos tiene

FA FA
Es idéntico a su padre,

SOL SOL
es idéntico a su padre

MENTIRAS

Jaime Urrutia

```
DO                     SOL
Los dos nos conocemos tanto

       LA          LA# LA
y tan solo con mirarnos

 REm                          LA              SOL
nos contamos lo bueno y lo malo nos lo comemos

 DO                      SOL
Los dos nos conocemos tanto y de vez en

 LA                LA# LA
cuando nos vemos

 REm                   LA
sabemos que siempre tenemos

 FA                    SOL
una verdad por delante.


  DO                     SOL
¿Y a quien le puede importar

     LA                LA#  LA
lo que entre mano tenemos?

REm            LA
porque si te fijas bien

FA                  SOL
somos muy buenos expertos en...


FA                      DO
Mentiras de vez en cuando

  MI                 LAm
mentiras cuando queremos

    FA             DO
para que decir la verdad

              SOL
tenemos bastante con vernos.


DO               SOL
Perdida hasta la añoranza,

     LA              LA#  LA
quemados están los sueños
```

REm   LA   SOL
Tenemos algo real y es que de vez en cuando nos vemos

DO   SOL
Las piernas a mí me temblaron

             LA   LA# LA
y tus ojos jamás se cerraron

                               LA   SOL
Para no perder un segundo de lo que pasé a tu lado

  DO   SOL
¿Y a quién le puede importar

     LA   LA# LA
lo que entre manos tenemos?

REm   LA
porque si te fijas bien

FA   SOL
somos muy buenos expertos en...

FA   DO
Mentiras de vez en cuando

 MI   LAm
mentiras cuando queremos

     FA   DO
para que decir la verdad

             SOL
tenemos bastante con vernos.

FA   DO
Mentiras de vez en cuando

     MI   LAm
y al resto del mundo perdemos

     FA   DO
Y a solas así podemos

              SOL
contarnos nuestros secretos

FA   DO
Mentiras despiadadas

     MI   LAm
que tienen muy poca maldad

FA   DO
Sólo la necesaria

```
           SOL
para podernos amar

FA                    DO
Mentiras arriesgadas,

 MI                          LAm
mentiras que engañan al tiempo

FA                    DO
Mentiras superficiales

        SOL
para el resto

   FA       DO
Para el resto

MI          LAm   FA DO SOL
de los mortales.
```

QUÉ DIFÍCIL ES HACER EL AMOR EN UN SIMCA 1000

Los Inhumanos

SOL MIm
Soy pobre y solo pude comprar

DO RE
un Simca 1000 bastante vulgar.

SOL MIm
Soy pobre y solo pude alquilar

DO RE
un picadero para ligar.

DO RE7
Y cuando alguna me quiero cepillar,

DO RE
en mi coche me tengo que apañar.

SOL MIm DO
Qué difícil es hacer el amor en un Simca 1000

RE
en un Simca 1000. (BIS)

SOL MIm
El asiento no se echa para atrás

DO RE
y la postura a buscar tiene dificultad.

SOL MIm
Pon tu pierna aquí yo la pondré, allá

DO RE
tendremos que abrir la puerta de atrás.

SOL MIm
El volante me vuelve a fastidiar

DO RE
ese no es el pito que debes tocar.

SOL MIm
Cuando sea rico voy a comprar

DO RE
un autobús para pillar.

DO RE7
Y cuando alguna me quiero cepillar

DO RE
en mi coche me tengo que apañar.

PACTO ENTRE CABALLEROS

Joaquín Sabina

RE MI7
No pasaba de los veinte el mayor de los tres chicos

SOL RE
que vinieron a atracarme el mes pasado.

RE MI7
Subvenciónanos un pico y no te hagas el valiente

SOL RE
que me pongo muy nervioso si me enfado.'

LA SOL
Me pillaron diez quinientas y un peluco marca Omega

SIm LA SOL
con un pincho de cocina en la garganta,

FA# SIm
pero el bizco se dio cuenta y me dijo -'hostias, colega,

MI MI7 LA
te pareces al Sabina ese que canta.'

RE MI7
Era una noche cualquiera, puede ser que fuera trece,

SOL LA RE
¿qué más da? pudiera ser que fuera martes.

DO#RE SI
Sólo sé que algunas veces cuando menos te lo esperas

SOL LA RE
el diablo va y se pone de tu parte.

RE
Este encuentro hay que mojarlo con jarabe de litrona,

SOL
compañeros antes de que cante el gallo'-

DO#m SI MI
-'tranqui, tronco, perdona, y un trago pa celebrarlo'-

RE MI LA
los tres iban hasta el culo de caballo.

RE
A una barra americana me llevaron por la cara,

RE MI
no dejaron que pagara ni una ronda,

SOL LA
controlaban tres fulanas, pero a mí me reservaban

MI LA
los encantos de Panchita la cachonda'.

RE
Nos pusimos como motos, con la birra y los canutos

MI RE
se cortaron de meterse algo más fuerte;

LA SOL
nos hicimos unas fotos de cabina en tres minutos,

MI RE
parecemos la cuadrilla de la muerte.

RE
Protegidos por la luna cogieron prestado un coche,

RE MI
me dejaron en mi queli y se borraron

SOL LA
por las venas de la noche -'enróllate y haznos una de las

DO#m SI MI
coplas guapas de la tuyas'- me gritaron.

RE
Me devolvieron intacto, con un guiño mi dinero,

MI LA
la cartera, la cadena y el reloj;

SOL RE
yo, que siempre cumplo un pacto cuando es entre caballeros,

MI LA
les tenía que escribir un rock and roll como este.

RE
Hoy venía en el diario el careto del más alto,

RE MI
no lo había vuelto a ver desde aquel día;

SOL LA
escapaban del asalto al chalé de un millonario

MI LA
y en la puerta le esperó la policía.

RE
Mucha, mucha policía...

MI7
Mucha, mucha policía

SOL LA RE
Mucha mucha policía...

AMADA MÍA

José Luis Perales

```
DO
Amada mía

                              SOL
después de tantos años

             FA                              DO
después de tantas noches compartidas

                   SOL
después de tantos sueños

  FA                  DO
soñados cada día

                         SOL
te sigo amando tanto

             DO
amada mía.


DO
Tus ojos negros

                             SOL
se clavan como siempre

              FA
DO
tu beso es una llama que aún me quema

  FA                          SOL
yo sigo siendo árbol y tú la tierra mía

                      DO
te sigo amando tanto

            SOL      DO
amada mía.


FA                            SOL
Amada mía después de tantas horas de
camino

                       DO
tu sigues siendo playa

                      FA        SOL
yo sigo siendo río.
```

DO
Como siempre

SOL
sigo aspirando el aire que respiras

FA DO
me sigo enamorando en cada amanecer.

FA SOL
Amada mía de risas y de llanto

DO
compañera de tardes amarillas

FA

SOL
luna de medianoche y sol de mediodía

DO
serás por siempre campo y yo semilla.

DO
Amada mía un día de otoño

SOL
se vestirán de blanco mis cabellos

FA

DO
se quedarán dormidos tus besos en mis besos

FA SOL
y buscaré tus manos para mecerlos.

FA SOL
Amada mía después de tantos años a tu lado

DO
yo sigo siendo brisa

FA SOL
y tu montaña y llano.

DO
Amada mía después de tantos mares navegados

SOL
tu sigues siendo orilla

FA DO
y yo gaviota.

TESTIMONIO

Juan Luis Guerra

SOL/RE - SOLsus4/MI - DO9/13 - REsus4 - REsus2

SOL/RE SOLsus4/MI RE
No necesito pastillas para dormir

SOL/SI - SOL7+/SI
si estás conmigo

DO9/12 C9/B LA7sus4
Todos los sueños florecen

SOL RE/FA# SOL - DO9/12
cuando me hablas al oído.

SOL/RE SOLsus4/MI
No necesito millones

RE SOL/SI - SOL7+/SI
ni acorralar los corazones

DO9 C9/B
y solo en tu cafetera

LAm7 Am7/G
todo el cielo

RE/FA#
enamorado se cuela.

SOL/RE - SOLsus4/MI - RE - SOL/SI - SOL7+/SI - DO9/12

C9/B - LAm7 - REsus4 - RE - SOL - SOL/DO

DO RE
No necesito decirte

RE MI
dos mil quinientas veces

MI FA
multiplicado por siete

FA SOL
que te espero noche y día.

DO
Que me disculpen los sabios

RE
pero la sabiduría

MI
duerme atrás de tu oreja

FA
y no en Grecia

SOL
como la historia creía.

SOL - LA7sus4 -C9/B

DO9/12 C9/B LAm
Ábreme la noche y ven a ver

DO/SOL MIm RE/FA#
cómo te puedo querer

DO/SOL - SOL - LA7sus4 - C9/B
eternamente,

DO9/12 C9/B LAm
júrame la sombra al caminar

MIm RE/FA#
que se corte si no estás.

RE/DO - SIm7 - LAm7 - REsus4

RE/DO SIm7
No necesito violines

LAm7 REsus4
pizzicatos en el pecho

RE/DO SIm7
eres todo mi concierto

LAm7 REsus4
la más bella sinfonía.

LA SOL
Que me disculpe el poeta

DO/SOL MIm
pero toda la poesía

RE/FA# SOL
la encuentro sobre un madero

DO/SOL LA7sus4
y me verso con tus rodillas que riman.

Ábreme la noche...

CIELO DEL SUR

La Frontera

LA RE LA SOL MI

LA RE FA#m MI LA

```
 LA                          RE
Bajo por la carretera, voy hacia la frontera

LA          SOL            MI
Que nos separa a ti y a mi

LA                            RE
El polvo del amanecer despertará y del viejo tren

FA#m                  MI           LA
Saldrás cuando escuches el motor.
```

```
LA                                  RE
Vivo en un camión sin ruedas al lado de la carretera

LA         SOL            MI
A mil kilómetros de ti

LA                                    RE
y allí donde se esconde el sol donde se pierde mi voz

FA#m                MI              LA
Estoy seguro que te encontraré
```

```
RE            LA    RE RE7
Cielo del sur, azuuul

LA       FA#m         MI              LA
Cielo del sur nunca te podré olvidar.
```

LA RE LA SOL MI

LA RE FA#m MI LA

```
LA                                 RE
Mi hermano me aconsejó No te escapes que es peor

LA                 SOL         MI
Fue la última vez que hablo

LA                          RE
Y otra vez en la autopista Como un lobo solitario

FA#m                  MI        LA
Voy siguiéndote la pista yo
```

LA RE
Vivo en un camión sin ruedas al lado de la carretera

LA SOL MI
A mil kilómetros de ti

LA RE
y allí donde se esconde el sol donde se pierde mi voz

FA#m MI LA
Estoy seguro que te encontraré

RE LA RE RE7
Cielo del sur, azuuul

LA FA#m MI LA
Cielo del sur nunca te podré olvidar.

SI RE MI LA SI RE MI MI MI

LA RE LA SOL MI

LA RE FA#m MI LA

LA RE LA SOL MI

LA RE FA#m MI LA

RE LA RE RE7
Cielo del sur, azuuul

LA FA#m MI LA
Cielo del sur nunca te podré olvidar.

LA FA#m MI LA
Cielo del sur nunca te podré olvidar.

LA FA#m MI LA
Cielo del sur nunca te podré olvidar.

SI RE MI LA

BESTIA BESTIA

Los Ilegales

MI
Si crees que la calle
Cuidara de ti
Te romperán el cráneo
En la primera esquina

LA
Hay muchas navajas por ahí
MI
puede que alguna
Te raje a ti

SI   LA
Pero yo solo se decir
Estos puños cuidan de mí

MI
nada más llegar
Has insultado al matón

LA
Ehh Bestia Bestia
MI
Bestia Bestia

SI   LA
Pero yo solo sé decir
Estos puños cuidan de mí

MI
Tu hermano pequeño
Ese mamón
Ha asaltado un banco
En el centro de Gijón
LA
No quiere ser pobre
No quiere ser rico

MI
Si le das la bronca
Se queda dormido

SI LA
Porque ya aprendido a decir
Estos puños cuidan de mi

MI
Pero nada más llegar
Has insultado al matón

LA
Ehh Bestia Bestia

MI
Bestia Bestia

SI LA
Pero yo solo se decir
Estos puños cuidan de mí

MI

MEDITERRÁNEO

Los Rebeldes

```
LA                          RE                           LA
Qué agobio de verano, tengo el cuerpo empapado en sudor

LA                     RE                      LA
se me cae la casa encima, yo ya no aguanto el calor,

RE                     MI
la vida ya no es vida en la ciudad,

LA                           FA#m
Llegó la hora de cambiar asfalto por mar

LA                     RE                 LA   MI
cansado de vivir en una jaula como un animal.


LA
Quema la ropa de invierno y prepárate para viajar

FA#m
Que la tierra prometida está más cerca de lo que puedas pensar

RE
California ya no existe, el sueño acabó

MI
Pero yo sé de un lugar donde brilla el sol

LA          MI
Déjame llevarte este verano donde está la acción


LA
Mediterráneo, ruta de calor

FA#m
Mediterráneo, templo del sol

RE                           MI
Mediterráneo, noches de luz y color.

LA
Mediterráneo, tierra de pasión

FA#m
Mediterráneo, ruta de calor

RE                        MI
Mediterráneo, eterno verano al sol
```

LA
Si buscas sensaciones aquí hay algo realmente especial

FA#m
Si quieres un paraíso esto es lo más parecido que vas a encontrar

RE
Si buscas algo que dinero no pueda comprar

MI
Y si quieres ver a Mescalina nadar

LA MI
No hay mejor rincón en el planeta si quieres soñar

LA
Nos veremos en Ibiza, en Mallorca, San Luís y Mahón

FA#m
Bailaremos en Valencia, en Alicante, en Gandía y Benidorm

RE
Desde l'Escala hasta Playa San Juan

MI
En Cadaqués, en Sitges, playa libertad

LA
Seremos los elegidos en el templo del Dios del Mar.

LA
Mediterráneo, ruta de calor

FA#m
Mediterráneo, templo del sol

RE MI
Mediterráneo, noches de luz y color.

LA
Mediterráneo, tierra de pasión

FA#m
Mediterráneo, ruta de calor

RE MI
Mediterráneo, eterno verano al sol

SIN DOCUMENTOS

Los Rodríguez

LA)

SOLm RE
Déjame atravesar el viento sin documentos,

RE# RE
que lo haré por el tiempo que tuvimos...

SOLm RE
Porque no queda salida, porque pareces dormida,

RE# RE
porque buscando tu sonrisa estaría toda mi vida.

RE# RE
Quiero ser el único que te muerda en la boca.

RE# RE
Quiero saber que la vida contigo no va a terminar.

LA)
Déjame que te cierre esta noche los ojos,

RE#m LA
y mañana vendré con un cigarro a la cama.

RE#m LA
Porque no tengo más intenciones que seguir

RE#m LA
bebiendo de esta copa que no está tan rota.

RE# RE
Quiero ser el único que te muerda en la boca.

RE# RE
Quiero saber que la vida contigo no va a terminar.

SOLm
Porque sí, porque sí, porque sí!

RE
Porque en esta vida

RE# RE
no quiero pasar más de un día entero sin tí.

SOLm
Porque sí, porque sí, porque sí!

RE
Porque mientras espero

RE# RE
por tí me muero y no quiero seguir así.

LA)
Déjame atravesar el viento sin documentos,

RE#m LA
que lo haré por el tiempo que tuvimos...

RE#m LA
Porque no queda salida, porque pareces dormida,

RE#m LA
porque buscando tu sonrisa estaría toda mi vida.

RE# RE
Quiero ser el único que te muerda en la boca.

RE# RE
Quiero saber que la vida contigo no va a terminar.

Porque sí...

PERO A TU LADO

Los Secretos

SI FA# SOL#m MI FA# SI

SI FA# SOL#m
He muerto y he resucitado

MI FA# SI
con mis cenizas un árbol he plantado

SOL#m
su fruto ha dado

MI FA#
y desde hoy

SI
algo ha empezado

DO RE MI
He roto todos mis poemas

MI FA#m SOL
los de tristezas y de penas

FA#m SOL DO
me lo he pensado,

DO SIm MI
y hoy sin dudar

MI FA#m SOL
vuelvo a tu lado

MI FA# SI
ayúdame y te habré ayudado

SOL#m
que hoy he soñado

MI
en otra vida

DO#m FA#
en otro mundo

SI
pero a tu lado

DO   RE   MI
Ya no persigo sueños rotos

MI   FA#m   SOL
los he cosido con el hilo de tus ojos

FA#m   SOL   DO
y te he cantado al son de acordes

DO   SIm   MI
aun no inventados

MI   FA#m   SI
ayúdame y te habré ayudado

            SOL#m
que hoy he soñado

         MI
en otra vida

           DO#m   FA#
en otro mundo

          SI
pero a tu lado

MI   FA#   SI
ayúdame y te habré ayudado

            SOL#m
que hoy he soñado

         MI
en otra vida

           DO#m   FA#
en otro mundo

          SI
pero a tu lado

PARECE QUE FUE AYER

Los Suaves

SOL RE
Recuerdo que hace tiempo

MIm
creo que antes de nacer

DO
cuando las horas perdidas

RE
llegaban al amanecer.

SOL RE
No había que cumplir promesas

MIm
el cansancio era placer

DO
las lágrimas eran de risas

RE
y parece que aún fue

SOL RE MIm DO RE
ayer.

DO RE
En los amigos creía

MI FA#
y en las palabras de mujer,

DO RE
en Dios, patrias y banderas,

MI FA#
y en el diablo también.

DO RE
En leyes, familia y escuela

MI FA#
y, claro, también en el rey

DO RE
voy recordando mentiras

MI FA#
y parece que aún fue ayer

MIm FA#m
Cuántas ilusiones

MIm FA#m
traje a este mundo al revés,

MIm FA#m
que perdiendo una al día

SOL LA
creo que me quedan aún dos o tres.

CLANDESTINO

Manu Chao

FA#m SIm
Solo voy con mi pena, sola va mi condena,

DO#7 FA#m
correr es mi destino, para burlar la ley,

SIm
perdido en el corazón, de la grande Babilón,

DO#7 FA#m
me dicen el clandestino, por no llevar papel,

SIm
pa una ciudad del norte, yo me fui a trabajar,

DO#7 FA#m
mi vida la dejé, entre Ceuta y Gibraltar,

SIm
Soy una raya en el mar, fantasma en la ciudad,

DO#7 FA#m
mi vida va prohibida, dice la autoridad.

SIm
Solo voy con mi pena, sola va mi condena,

DO#7 FA#m
correr es mi destino, para burlar la ley,

SIm
perdido en el corazón, de la grande Babilón,

DO#7 FA#m
me dicen el clandestino, yo soy el quebra ley.

DO#7 FA#m
Mano negra; Clandestino

DO#7 FA#m
Peruano; Clandestino

DO#7 FA#m
Africano; Clandestino

DO#7 FA#m
Marihuana; Ilegal

```
FA#m                                   SIm
Solo voy con mi pena, sola va mi condena,

                  DO#7                  FA#m
correr es mi destino, para burlar la ley,

                                           SIm
perdido en el corazón, de la grande Babilón,

                         DO#7                 FA#m
me dicen el clandestino, yo soy el quebra ley.


       DO#7          FA#m
Argelino; Clandestino

       DO#7           FA#m
Boliviano; Clandestino

       DO#7            FA#m
Nigeriano; Clandestino

            DO#7      FA#m
Mano Negra; Ilegal
```

CAROLINA

M-Clan

MIm,DO,SOL,R

E.(3veces)Bb,FA,SOL

```
DO              SOL
La dulce niña Carolina,

RE                   LAm
no tiene edad para hacer el amor

DO                SOL
Su madre la estará buscando,

     RE
o eso es lo que creo yo.

DO                  SOL
No puedo echarla de mi casa,

RE                     LAm
me dice que no tiene donde dormir.

DO              SOL
Después se mete en mi cama,

     RE
eso es mucho para mí.

LAm      RE         LAm       RE
Esa va a ser mi ruina, pequeña Carolina,

DO  SOL  RE
vete por favor.


MIm  DO  SOL    RE     MIm    DO
Carolina trátame bien, no te rías de mí,

     SOL       RE
no me arranques la piel

MIm DO  SOL  RE
Carolina trátame bien,

  LA#     FA       SOL
o al final te tendré que comer
```

MIm,DO,SOL,RE.(3veces)Bb,FA,SOL

DO SOL
No queda en la ciudad esquina,

RE LAm
tras la que yo me pueda esconder.

DO SOL
Siempre aparece Carolina

RE
con algún tipo de interés.

DO SOL RE
La reina de las medicinas,

LAm
que no se venden en farmacia legal.

DO SOL
Vinagre para las heridas,

RE
dulce azúcar al final.

LAm RE LAm RE
El diablo está en mi vida, pequeña Carolina,

DO SOL RE
vete por favor.

EN EL PARQUE

Miguel Ríos

REm
Cae lentamente el sol,

LA7 LAm SIb
mientras que la ciudad se difumina en mi vida,

DO MI FA
vuelvo a encontrar la paz que el día me negó

SIb SOLm LA7
y la hierba a mis pies me dice «pronto vendrá».

DO MIm LAm
Te veo aparecer envuelta

DO MIm LAm
en el color dulce que mana la tarde

DO MIm LAm
recobro tu calor que el día me robó

LA REm DO
y susurro al oído «te quiero amor».

SIb
En el parque

DO LAm
la armonía del momento se hace luz

RE7 SIb
nos regala una sonrisa el firmamento

DO FA
y la puesta de sol se hace amor.

SIb
En el parque

DO RE SIb
cuando salgan las estrellas te amaré

FA SOLm LA7
y la alfombra de la hierba

SOLm LA7
nos dirá «bienvenidos al hogar».

DO MIm LAm
La noche nos fundió

DO MIm LAm
hizo un cuerpo de dos

DO MIm LAm
que triste que exista el día.

REm MIm LAm
Volver a la ciudad apartarme de ti

DO RE LAm
hasta que caiga el sol no te veré.

SIb
En el parque

DO RE
cuando salgan las estrellas te amaré

FA SOLm LA7
y la alfombra de la hierba

DO RE
nos dirá «bienvenidos al hogar».

SIb
En el parque

DO RE
la armonía del momento se hace luz

FA SOLm
y nos dice su sonrisa el firmamento

DO RE
«bienvenidos al hogar».

AMOR DE HOMBRE

Mocedades

MIm SI7 MIm SI7... SOL
Ay, amor de hombre, que estás haciéndome llorar una vez más

SI7 MIm
Sombra lunar, que me hiela la piel al pasar

RE REm DO
Que se enreda en mis dedos me abraza en tu brisa

DO7 SI7
Me llena de miedo.

La - Mi7 La - Mi7
Ay, amor de hombre que estás llegando y ya te vas una vez más

Re La7 Re La7
Juego de azar, que me obliga a perder o a ganar

La Mi7 Re
Que se mete en mi sueño gigante pequeño de besos extraños.

MIm SI7... SOL
Amor, amor de hombre, puñal que corta mi puñal, amor mortal

MI7 LAm
Te quiero, no preguntes por qué ni por qué no,
No estoy hablando yo.

RE7 SOL
Te quiero, porque quiere quererte el corazón,

MIm DO
No encuentro otra razón, canto de gorrión,

SI7 DO
Que pasea por mi mente, anda ríndete

SI7
Si le estás queriendo tanto.

La Mi7 La
Ay, amor de hombre, que estás haciéndome reír una vez más

Re La7 Re La7
Nube de gas, que me empuja a subir más y más

Do Sol Re
Que me aleja del suelo me clava en el cielo con una palabra.

Amor, amor de hombre, azúcar blanca, negra sal, amor vital. Te quiero...

PROPOSICIONES

Pablo Milanés

DO# FA#
Propongo disfrutar esta jornada

SOL# DO#
inquietando tu gusto en dos sentidos

LA# RE#
una palma que bata tus oídos

RE# SOL#
un cocodrilo verde en tu mirada.

DO# FA#
Propongo que tu vos enamorada

SOL# DO#
se lance por caminos y veredas

LA# RE#m
anunciando llego la primavera

RE# SOL#
hagan suyo el crisol de esta morada

DO# FA#
Propongo compartir lo que es mi empeño

SOL# DO#
y el empeño de muchos que se afanan

LA# RE#
propongo al fin tu entrega apasionada

RE# SOL# DO#
cual si fuera a cumplir mi último sueño

EL AIRE EN QUE NO ESTÁS

Pedro Guerra

DO FA7 DO FA7 DO

```
           FA7
Retuve estrellas en el sur
          DO
para animar tus ojos
            FA7
guardé los hielos del glaciar
         LAm
para azular tus ojos
    SOL              FA
que sepas que no es fácil respirar
                 DO      FA7    DO
el aire en que no estás.

          FA7
Volví al lugar donde el amor
        DO
podía entretenerse
            FA7
y sólo queda la canción
         LAm
que dice que no vuelves
    SOL              FA
que sepas que no es fácil respirar
                 DO       RE
el aire en que no estás.

           MIm       SOL
Prendí una vela y esperé
          LA          FA#m
calmé mis ganas y esperé
       SIm      SOL
y ya cansado de esperar y de esperar
         LA
volví a esperar
```

RE SOL FA
que sepas que no es fácil respirar

DO FA7 DO
el aire en que no estás.

FA7
Ya tuve un juego de color

DO
donde mezclar los sueños

FA7
ya descubrí en mi corazón

LAm
los peces del ingenio

SOL FA
que sepas que no es fácil respirar

DO RE
el aire en que no estás

MIm SOL
Tomé algún barco y esperé

LA FA#m
volví a cantarte y esperé

SIm SOL
y ya cansado de cantar y de esperar

LA
volví a cantar

RE SOL FA
que sepas que no es fácil respirar

DO
el aire en que no estás.

VENENO EN LA PIEL

Radio Futura

```
LA7                    REm
Dicen que tienes veneno en la piel

LA7                      REm
y que estás hecha de plástico fino

LA7                     REm
dicen que tienes un tacto divino

LA7                  REm
y quien te toca se queda con él.


LA7                 REm
Y si esta noche quieres ir a bailar

LA7                          REm
vete poniendo el disfraz de pecadora

LA7                         REm
pero tendrás que estar lista en media hora

             LA7                  REm
porque si no, no te paso a buscar.


LA7               REm
Pero primero quieres ir a bailar

LA7                         REm
y me sugieres que te lleve a un sitio claro

           REm            LA7
a ver si aceptan la cartilla del paro

            REm                         LA7     REm
porque si no lo tendremos que robar.


LA7                    REm
Yo voy haciéndome la cuenta de cabeza

LA7                    REm
y tu prodigas tu sonrisa con esmero

LA7                 REm
y te dedicas a insultar al camarero

          REm                  LA7      REm
y me salpicas con espuma de cerveza.
```

LA7   REm
Y aquí te espero en la barra del bar

LA7   REm
mientras que tú vas haciendo discoteca

              REm   LA7
cómo te pases te lo advierto muñeca

              REm   LA7   REm
que esta vez no te voy a rescatar.

                               LA7   REm
Tú crees que eres una bruja consumada

                              LA7   REm
y lo que pasa es que estás intoxicada

                            LA7   REm
y eso que dices que ya no tomas nada

                            LA7   REm
pero me dicen por ahí que sí, que sí.

ESTOY AQUÍ

Shakira

RE LA
Ya sé que no vendrás

SOL
todo lo que fue

SIm LA RE
el tiempo lo dejó atrás.

LA
Sé que no regresarás,

SOL SIm LA MIm
lo que nos pasó no repetirá jamás.

RE LA MIm
Mil años no me alcanzarán,

RE LA
para borrarte y olvidar.

RE
Y ahora estoy aquí,

LA
queriendo convertir

SOL
los campos en ciudad,

SIm LA RE
mezclando el cielo con el mar.

LA
Sé que te dejé escapar,

SOL
sé que te perdí,

SIm LA MIm
nada podrá ser igual.

RE LA
Mil años pueden alcanzar,

RE LA
para que puedas perdonar.

RE LA
Estoy aquí queriéndote,

SOL
ahogándome

SIm
entre fotos y cuadernos,

LA RE
entre cosas y recuerdos que no puedo
comprender.

LA SOL
Estoy enloqueciéndome,

SIm
cambiándome un pie por la cara mía,

LA SOL
Esta noche por el día y qué,

RE
y nada le puedo yo hacer.

LA
Las cartas que escribí,

SOL
nunca las envié,

SIm LA RE
no querrás saber de mí.

LA
No puedo entender

SOL
lo tonta que fui,

SIm LA MIm
es cuestión de tiempo y fe.

RE LA MIm
Mil años con otros mil más,

FA#m LA
son suficientes para amar.

FA DO SOL
Si aún piensas algo en mí,

FA DO LA
sabes que sigo esperándote.

RE LA SOL
Estoy aquí queriéndote, ahogándome

SIm
entre fotos y cuadernos,

LA
entre cosas y recuerdos

RE LA
que no puedo comprender.

BAILARÉ SOBRE TU TUMBA

Siniestro Total

Riff: MI LA SI7 LA

MI LA SI LA + Riff
Te mataré con mis zapatos de claqué

MI LA SI LA + Riff
te asfixiaré con mi malla de balé

MI LA SI LA + Riff
te ahorcaré con mi esmoquin

MI LA SI LA + Riff
y morirás mientras se ríe el disc-jockey.

MI LA SI7 LA MI
y bailaré sobre tu tumba

MI LA SI7 LA MI
(ua churugüei ua churuguá)

MI LA SI LA + Riff
Te degollaré con un disco afilado

MI LA SI LA + Riff
de los Rolling Stones, o de los Shadows

MI LA SI LA + Riff
te tragarás la colección de casetes

MI LA SI LA + Riff
de las Shan-Gri-Las o de las Ronettes.

MI LA SI7 LA MI
y bailaré sobre tu tumba

MI LA SI7 LA MI
(ua churugüei ua churuguá)

MI LA SI LA + Riff
Te clavaré mi guitarra

MI LA SI LA + Riff
te aplastaré con mi piano

MI LA SI LA + Riff
te degollaré con mis platillos

MI LA SI LA + Riff
te trepanaré con mi órgano Hammond.

SALTA

Tequila

```
SIm                    RE
Salí de casa con la sonrisa puesta,

SIm                        RE
hoy me he levantado contento de verdad.

SIm                        RE
El sol de la mañana brilla en mi cama,

SIm                        RE
una brisa fresca me ayuda a despertar

SIm          RE       SIm        RE
Yo digo: ¡oi!


SIm             RE
La ciudad parece mi amiga,

SIm                      RE
hoy es mi día y nadie me lo va a arruinar.

SIm                  RE
Las chicas de la esquina ríen con picardía,

SIm                        RE
yo sé lo que quieren y se lo voy a dar.


          MIm7    RE
Yo digo: Salta, salta conmigo.

          MIm7    RE
Yo digo: Salta, salta conmigo,

MIm7           RE         FA#m  SOLm  LA
salta, salta conmigo, oooooeheh.


SIm                      RE
Voy por mi camino sin preocupación,

SIm                    RE
pasa la gente y me mira mal.

SIm                        RE
Pero no me importa a mí me da lo mismo,

SIm                 RE
hoy estoy alegre y tengo ganas de saltar.
```

```
            MIm7      RE
Yo digo: Salta, salta conmigo.

            MIm7      RE
Yo digo: Salta, salta conmigo,

MIm7                RE     FA#m    SOLm    LA
Salta conmigo turututututu, saltaaaaa,

MIm7                RE     FA#m    SOLm    LA
salta, saltaaaaaui.
```

QUIERO ABRAZARTE TANTO

Víctor Manuel

```
DO FA SOL
DO FA SOL

DO
Siento tu mano fría
            DO7                 FA
correr despacio sobre mi piel
            REm                  SOL
yu pecho en mi pecho y tu desnudez
                                 DO
y aún vivo reproches que imaginé.

DO FA SOL
DO FA SOL

DO
Vente conmigo al huerto
                  DO7            FA
que están las rosas queriendo ver
                      REm        SOL
la promesa que has roto para volver
                           DO
y así creer lo que les conté.

             RE7                        SOL
Dije que te quería como a nada en el mundo
             FA             SOL
que seguía tus pasos, tu caminar
                  MIm          LAm
como lobo en celo desde mi hogar
                FA               SOL
con la puerta abierta de par en par
             DO   DO7
de par en par.
```

FA
Que tenía en penumbra

SOL DO
nuestro rincón en aquel salón

LAm7 REm
con dos cubiertos y tu canción

SOL DO
y con tus flores en el jarrón.

DO FA SOL

DO FA SOL

DO
Siento tu mano tibia

DO7 FA
que palmo a palmo besa mi piel

REm SOL
y tus brazos me enredan hoy como ayer

DO
en este nuevo día vuelvo a creer.

DO FA SOL

DO FA SOL

DO
Vente conmigo al puerto

DO7 FA
que hay una barca en el malecón

REm SOL
con tu nombre pintado secando al sol

DO
con tu nombre grabado junto al timón.

RE7 SOL
Sabes que te quería como a nada en el mundo

FA SOL
que seguía tus pasos, tu caminar

MIm LAm
como lobo en celo desde mi hogar

FA SOL
con la puerta abierta de par en par

DO DO7
de par en par.

FA
Que tenía en penumbra

SOL DO
nuestro rincón en aquel salón

LAm7 REm
con dos cubiertos y tu canción

SOL DO
y con tus flores en el jarrón.

DO FA SOL

DO FA SOL

LA

RE
Quiero abrazarte tanto

RE7 SOL
con mis sentidos, con tanto amor

MIm LA
que no haya más sonido que el de mi voz

RE
y mi cuerpo en el tuyo a continuación.

DO FA SOL

DO FA SOL

RE
Y yo andaré la tierra

RE7 SOL
como un romero buscando a Dios

MIm LA
y tendré tu regazo, tu comprensión

RE
y una casa pequeña para los dos.

                        MI7   LA
Tú sabes que te quiero como a nada en el mundo

                       SOL   LA
que seguía tus pasos, tu caminar

                        FA#m   SIm
como lobo en celo desde mi hogar

                        SOL   LA
con la puerta abierta de par en par

                RE   RE7
de par en par.

                        SOL
Que tenía en penumbra

                LA   RE
nuestro rincón en aquel salón

                SIm   MIm
con dos cubiertos y tu canción

                LA   SOL   RE
y con tus flores en el jarrón

SOL LA RE LA RE

NO ME IMPORTA NADA

Luz Casal

SI MI SI FA#m LA MI

SI   MI
Tú juegas a quererme, yo juego a que te creas que te quiero,

SI   FA#m
buscando una coartada me das una pasión que yo no espero,

LA   MI   Si/Re#   DO#m   SI
y no me importa nada, tu juegas a engañarme,

   LA   LAm   MI   Si/Re#
yo juego a que te creas que te creo, escucho tus

  DO#m SI LA   LA#dim   SI
bobadas acerca del amor y del deseo, y no me importa nada,

 MI LA   SI   DO#m   LA   MI
nada, que rías o que sueñes, que digas o que hagas,

SI   MI   LA   SI   DO#m   LA
y no me importa nada, por mucho que me empeñe estoy

      LA#dim   SI
jugando y no me importa nada...

SI MI SI FA#m LA MI

SI   MI
Tú juegas a tenerme yo juego a que te creas que me tienes;

SI   FA#m
serena y confiada, invento las palabras que te hieren,

LA   MI   Si/Re#   DO#m   SI
y no me importa nada, tú juegas a olvidarme,

   LA   LAm   MI   Si/Re#
yo juego a que te creas que me importa, conozco la

 DO#m SI   LA   LA#dim   SI
jugada, sé manejarme en las distancias cortas,
y no me importa nada,

MI LA SI DO#m LA MI
nada, que rías o que sueñes, que digas o que hagas,

SI MI LA SI DO#m LA
y no me importa nada, por mucho que me empeñe que digas

MI SI MI
o que hagas y no me importa nada...

LA SI DO#m LA MI SI MI LA SI DO#m LA MI SI

MI LA SI
Y no me importa nada, que rías o que

DO#m LA MI SI
sueñes, que digas o que hagas,

MI LA SI
y no me importa nada, que tomes o que

DO#m LA MI SI
dejes, que vengas o que vayas,

MI LA
y no me importa nada,

SI DO#m LA
que subas o que bajes, que entres o

MI SI MI
que salgas, y no me importa nada...

YOLANDA

Pablo Milanés

SOL-DO-RE7-SOL

SOL DO
Esto no puede ser no más que una canción

RE7 SOL
Quisiera fuera una declaración de amor

SOL DO
Romántica sin reparar en formas tales

RE7 SOL
Que ponga un freno a lo que siento ahora a raudales

SOL
Te amo

DO
Te amo

RE7
Eternamente te amo

SOL-DO-RE7-SOL

SOL DO
Si me faltaras yo voy a morirme

RE7 SOL
Si he de morir quiero que sea contigo

SOL DO
Mi soledad se siente acompañada

RE7 SOL
Por eso a veces sé que necesito

SOL
Tu mano

DO
Tu mano

RE7
Eternamente tu mano

SOL-DO-RE7-SOL

SOL DO
Cuando te vi sabía que era cierto

RE7 SOL
Este temor de hallarme descubierto

SOL DO
Tú me desnudas con siete razones

RE7 SOL
Me abres el pecho siempre que me colmas

SOL
De amores

DO
De amores

RE7
Eternamente de amores

SOL-DO-RE7-SOL

SOL DO
Si alguna vez me siento derrotado

RE7 SOL
Renuncio a ver el sol cada mañana

SOL DO
Rezando el credo que me has enseñado

RE7 SOL
Miro a tu cara y digo en la ventana

SOL
Yolanda

DO
Yolanda

RE7
Eternamente, Yolanda

SOL DO
Yolanda

RE7 SOL DO
Eternamente, Yolanda

RE7 SOL
Eternamente, Yolanda

TE DOY UNA CANCIÓN

Silvio Rodríguez

MI LAm MI LAm

MI LAm MI
Cómo gasto papeles recordándote

SOL#m LA
cómo me haces hablar en el silencio

FA# MI
cómo no te me quitas de las ganas

SI7 DO#m
aunque nadie me vea nunca contigo

(SI7) MI
Y cómo pasa el tiempo

(SI7) MI
que de pronto son años

(DO#m) FA# SI7
sin pasar tú por mí detenida.

MI DO#m
Te doy una canción si abro una puerta

SOL#
y de las sombras sales tú

DO#m LA
Te doy una canción de madrugada

FA# SI7
cuando más quiero tu luz

MI DO#m
Te doy una canción cuando apareces

SOL#
el misterio del amor

DO#m LA
y si no lo apareces no me importa

FA# SI7
yo te doy una canción.

MI LAm MI LAm

MI LAm MI
Si miro un poco afuera me detengo

SOL#m LA
la ciudad se derrumba y yo cantando

FA# MI
la gente que me odia y que me quiere

SI7 DO#m
no me va a perdonar que me distraiga

(SI7) MI
Creen que lo digo todo

(SI7) MI
que me juego la vida

(DO#m) FA# SI7
porque no te conocen ni te sienten.

MI DO#m
Te doy una canción y hago un discurso

SOL#
sobre mi derecho a hablar

DO#m LA
Te doy una canción con mis dos manos

FA# SI7
con las mismas de matar

MI DO#m
Te doy una canción y digo Patria

SOL#
y sigo hablando para ti

DO#m LA
Te doy una canción como un disparo

FA# MI SI7
como un libro, una palabra, una guerrilla

MI DO#m LA SI7 MI
como doy el amor.

HIJO DE LA LUNA

Mecano

```
DO#m G#m/C# LA/DO# G#m/C#

DO#m SOL#m LA SOL#m


DO#m                    FA#m  DO#m G#7/C DO#m              FA#m    DO#m   G#7/C
Tonto el que no entienda              cuenta una leyenda

MI                      SOL#7 DO#m            SI     LA      SI      DO#m  G#m/C#
que una hembra gitana conjuró a la luna hasta el amanecer

MI                SOL#7 DO#m             SI    LA    SI              DO#m  SOL#m LA/DO#  G#m/C#
llorando pedía    al llegar el día desposar un calé


DO#m SOL#m LA SOL#m


DO#m               FA#m    DO#m        G#7/C DO#m                    FA#m    DO#m    G#7/C
tendrás a tu hombre piel morena     desde el cielo habló la luna llena

MI                      SOL#7 DO#m            SI    LA          SI   DO#m G#m/C#
pero a cambio quiero el hijo primero que le engendres a el

MI                          SOL#7 DO#m               SI      LA       SI        DO#m
que quién su hijo inmola para no estar sola poco le iba a querer


G#m/C# LA/DO# D#7/A#


SOL#m      SOL#m/FA# MI RE#7 SOL#m            SOL#m/FA# MI                RE#7       SOL#m
Luna quieres ser madre    y no encuentras querer que te haga mujer

          SOL#m/FA#   MI RE#7    SOL#m      SOL#m/FA#    MI
dime Luna de plata     que pretendes hacer

            RE#7       SOL#m DO#m     SOL#m DO#m        G#m/D#
con un niño de piel ah ah ah ah ah ah ah ah


G#m/C# G#m/B D#7/A#


LA            SI    DO#m    G#m/C#    LA/DO#    G#m/C#    DO#m    SOL#m   LA    SOL#m
hijo de la luna


DO#m           FA#m DO#m         G#7/C DO#m                   FA#m DO#m             G#7/C
de padre canela nació un niño blanco como el lomo de un armiño

MI                SOL#7 DO#m             SI       LA          SI       DO#m G#m/C#
con los ojos grises en vez de aceituna niño albino de luna
```

MI SOL#7 DO#m SI LA SI DO#m
maldita su estampa este hijo es de un payo y yo no me lo callo

G#m/C# LA/DO# D#7/A#

SOL#m SOL#m/FA# MI RE#7 SOL#m SOL#m/FA# MI RE#7 SOL#m
Luna quieres ser madre y no encuentras querer que te haga mujer

SOL#m/FA# MI RE#7 SOL#m SOL#m/FA# MI
dime Luna de plata qué pretendes hacer

RE#7 SOL#m DO#m SOL#m DO#m G#m/D#
con un niño de piel ah ah ah ah ah ah ah ah

LA SI DO#m G#m/C# LA/DO# G#m/C# DO#m SOL#m LA SOL#m
hijo de la luna

DO#m FA#m DO#m G#7/C DO#m FA#m DO#m G#7/C
Gitano al creerse deshonrado se fue a su mujer cuchillo en mano

MI SOL#7 DO#m SI LA SI DO#m G#m/C#
¿de quién es el hijo? me has engañao fijo y de muerte la hirió

MI SOL#7 DO#m SI LA SI DO#m
luego se hizo al monte con el niño en brazos y allí le abandonó

G#m/C# LA/DO# D#7/A#

SOL#m SOL#m/FA# MI RE#7 SOL#m SOL#m/FA# MI RE#7 SOL#m
Luna quieres ser madre y no encuentras querer que te haga mujer

SOL#m/FA# MI RE#7 SOL#m SOL#m/FA# MI
dime Luna de plata que pretendes hacer

RE#7 SOL#m DO#m SOL#m DO#m G#m/D#
con un niño de piel ah ah ah ah ah ah ah ah

LA SI DO#m G#m/C# LA/DO# G#m/C# DO#m SOL#m LA SOL#m
hijo de la luna

DO#m FA#m DO#m G#7/C DO#m FA#m DO#m G#7/C
y las noches que haya luna llena será porque el niño esté de buenas

MI SOL#7 DO#m SI LA SI DO#m G#m/C#
y si el niño llora menguará la luna para hacerle una cuna

MI SOL#7 DO#m SI LA SI DO#m
y si el niño llora menguará la luna para hacerle una cuna

G#m/C# LA/DO# G#m/C# DO#m SOL#m LA SOL#m DO#m

CALLE MELANCOLÍA

Joaquín Sabina

```
LA                SIm    SOL   LA         RE
Como quien viaja a lomos de una yegua sombría

LA             SIm    SOL   MI          LA
por la ciudad camino, no preguntéis a dónde.

DO               SOL     FA        LA      RE
Busco acaso un encuentro que me ilumine el día

LA                SIm          SOL   LA        RE
y no hallo más que puertas que niegan lo que esconden.


     LA           SIm  SOL   LA      RE
Las chimeneas vierten su vómito de humo

LA             SIm SOL   MI         LA
a un cielo cada vez más lejano y más alto.

DO            SOL    FA LA           RE
Por las paredes ocres se desparrama el zumo

LA              SIm     SOL    LA   RE
de una fruta de sangre crecida en el asfalto.


   LA              SIm   SOL  LA       RE
Ya el campo estará verde, debe ser primavera

LA              SIm SOL       MI   LA
cruza por mi mirada un tren interminable.

    DO            SOL   FA     LA      RE
El barrio donde habito no es ninguna pradera

LA         SIm    SOL  LA      RE
desolado paisaje de antenas y de cables.


    LA            SIm   SOL      LA RE
Vivo en el número siete, calle melancolía

LA                   SIm     SOL   MI      LA
quiero mudarme hace años al barrio de la alegría.

      DO              SOL    FA      LA       RE
Pero siempre que lo intento ha salido ya el tranvía

LA               SIm    SOL    LA     RE
en la escalera me siento a silbar mi melodía.
```

LA SIm SOL LA RE
Como quien viaja a bordo de un barco enloquecido,

LA SIm SOL MI LA
que viene de la noche y va a ninguna parte.

DO SOL FA LA RE
Así mis pies descienden la cuesta del olvido

LA SIm SOL LA RE
fatigados de tanto andar sin encontrarte.

LA SIm SOL LA RE
Luego (2), de vuelta a casa, enciendo un cigarrillo

LA SIm SOL MI LA
ordeno mis papeles, resuelvo un crucigrama.

DO SOL FA LA RE
Me enfado con las sombras que pueblan los pasillos

LA SIm SOL LA RE
y me abrazo a la ausencia que dejas en mi cama.

LA SIm SOL LA RE
Trepo (2),por tu recuerdo, como una enredadera

LA SIm SOL MI LA
que no encuentra ventanas donde agarrarse. Soy

DO SOL FA LA RE
esa absurda epidemia que sufren las aceras,

LA SIm SOL LA RE
si quieres encontrarme, ya sabes dónde estoy.

LA SIm SOL LA RE
Vivo en el número siete, calle melancolía...

SIN TI NO SOY NADA

Amaral

SOL MI LAm FA
Sin ti no soy nada una gota de lluvia mojando mi cara

SOL MI LAm FA
Mi mundo es pequeño y mi corazón pedacitos de hielo

SOL LAm
Solía pensar que el amor no es real,

FA SOL MI LAm
Una ilusión que siempre se acaba Y ahora sin ti no soy nada

SOL MI LAm FA
Sin ti niña mala, sin ti niña triste que abraza su almohada

SOL MI LAm FA
Tirada en la cama, mirando la tele y no viendo nada

SOL LAm
Amar por amar y romper a llorar

FA SOL MI LAm
En lo más cierto y profundo del alma, sin ti no soy nada

DO LAm
Los días que pasan, las luces del alba,

FA SOL
Mi alma, mi cuerpo, mi voz no sirven de nada

MI LAm
Porque yo sin ti no soy nada

FA SOL FA
Sin ti no soy nada, sin ti no soy nada

SOL MI LAm FA
Me siento tan rara, las noches de juerga se vuelven amargas

SOL MI LAm FA
Me río sin ganas con una sonrisa pintada en la cara

SOL LAm
Soy sólo un actor que olvidó su guión,

FA SOL MI LAm
Al fin y al cabo, son sólo palabras que no dicen nada

DO LAm
Los días que pasan, las luces del alba,

FA SOL
Mi alma, mi cuerpo, mi voz no sirven de nada

DO LAm
Qué no daría yo por tener tu mirada,

FA SOL
Por ser como siempre los dos mientras todo cambia

MI LAm
Porque yo sin ti no soy nada

FA SOL FA
Sin ti no soy nada, sin ti no soy nada

FA SOL LAm MIm - FA SOL LAm MIm

DO LAm
Los días que pasan, las luces del alba,

FA SOL
Mi alma, mi cuerpo, mi voz no sirven de nada

DO LAm
Qué no daría yo por tener tu mirada,

FA SOL
Por ser como siempre los dos mientras todo cambia

MI LAm
Porque yo sin ti no soy nada

FA SOL FA
Sin ti no soy nada, sin ti no soy nada

LOBO LÓPEZ

Kiko Veneno

FA#m7
Un día lobo López

SIm7 MI6
Se encontró a su amada

FA#m7
Hace cuanto tiempo

Bm7(sus2) MI7(13)
y me alegro tanto, no me lo esperaba

FA#m7
Ella le pregunta

SIm7 MI.T.DO
nada personal, que has estado haciendo

FA#m7
lobo le responde

FA#m7 SIm7 MI.T.DO
todo sigue igual

FA#m7
Que día más bueno

SIm7 MI.T.DO
como pica el sol, no es un poco raro

FA#m7
para el mes que estamos

Bm7(sus2) MI7(13)
ya tanto calor

FA#m7
Bueno bueno lobo

SIm7 MI.T.DO
tengo que dejarte, me están esperando

FA#m7
nos encontraremos

RE
en alguna parte

RE MI7
Tengo que decirle que la echo de menos

FA#m7
lo he dejado todo

SIm7 MI7
por no hacerle daño, soy un lobo bueno

FA#m7
No puedes negarme

RE MI7
tu frasco de amor

FA#m7(C# C B)bajo
he entrenado duro

SI7 RE7
ahora estoy dispuesto

DO#7
a comerte mejor

FA#m7
Vamos lobo López

SIm7 MI.T.DO
me has llegado al alma, estoy toda ansiosa

FA#m7
por ver esas cosas

RE
que tus ojos me hablan

RE
Un día lobo López

MI7
se encontró a su amada

FA#m7
Hace cuanto tiempo

Bm7(sus2) MI7(13)
y me alegro tanto, te veo muy cambiada.

EN EL MUELLE DE SAN BLAS

Maná

MIm LA RE SOL
Ella despidió a su amor, el partió en un barco en el muelle de San Blas

MIm LA RE SOL
el juró y que volvería y empapada en llanto ella juró que esperaría

MIm LA RE SOL
miles de lunas pasaron y siempre ella estaba en el muelle esperando

MIm LA RE SOL
muchas tardes se anidaron se anidaron en su pelo y en sus labios.

MIm LA RE SOL
Llevaba el mismo vestido y por si él volviera no se fuera a equivocar

MIm LA RE SOL
los cangrejos le mordían sus ropajes, su tristeza y su ilusión

MIm LA RE SOL
y el tiempo se escurrió y sus ojos se le llenaron de amaneceres

MIm LA RE SOL
y del mar se enamoró y su cuerpo se enraizó en el muelle.

RE LA RE LA
Sola, sola, en el olvido. Sola, sola, con su espíritu

RE LA SOL LA RE
sola, sola, con su amor. Sola, en el muelle de San Blas.

MIm LA RE SOL
Su cabello se blanqueó, pero ningún barco a su amor le devolvía

MIm LA RE SOL
y en el pueblo le decían, le decían la loca del muelle de San Blas

MIm LA RE SOL
y una tarde de abril la trataron trasladar al manicomio

MIm LA RE SOL
nadie la pudo arrancar y del mar nunca jamás la separaron.

RE LA RE LA
Sola, sola, en el olvido. Sola, sola, con su espíritu.

RE LA SOL LA
sola, sola con el sol y el mar. Sola.

RE LA RE LA
Sola, sola en el olvido. Sola, sola con su espiritu.

RE   LA   SOL LA   RE
Sola, sola, con su amor. Sola, en el muelle de San Blas.

RE   SOL
Se quedó, se quedó, sola, sola.

RE   SOL
Se quedó, se quedó, con el sol y con el mar

RE
se quedó ahí, se quedó hasta el fin.

SOL   RE
Se quedó ahí, se quedó, en el muelle de San Blas

SOL
sola, sola se quedó.

LOS EJES DE MI CARRETA

Atahualpa Yupanqui

MIm DO SI7
Porque no engraso los ejes

MIm
me llaman abandonao'.

SI7
Porque no engraso los ejes

MIm MI7 LAm
me llaman abandonao'.

RE7
Si a mí me gusta que suenen

MIm SI7 MIm MI7 LAm
pa' que los quiero engrasaos'.

RE7
Si a mí me gusta que suenen

MIm SI7 MIm
pa' que los quiero engrasaos'.

SI7
Es demasiado aburrido

MIm
seguir y seguir la huella.

SI7
Es demasiado aburrido

MIm MI7 LAm
seguir y seguir la huella.

RE7
Demasiao' largo el camino

MIm SI7 MIm
sin nada que me entretenga.

SI7
No necesito silencio

MIm
yo no tengo en qué pensar.

SI7
No necesito el silencio

MIm MI7 LAm
yo no tengo en qué pensar.

RE7
Tenía, pero hace tiempo

MIm SI7 MIm
ahora ya no pienso más.

LAm
Los ejes de mi carreta

RE7 SI7 MIm
nunca los voy a engrasar.

DESPEINADA

Palito Ortega

```
   DO                 LAm
Tú tienes, una carita deliciosa,

  FA                  SOL
y tienes, una figura celestial.

   DO                     LAm
Tú tienes, una sonrisa contagiosa,

         FA SOL                     DO
pero tu pelo, es un desastre universal.

Ajah, ajah, ajah, ajah

LAm
ah ah ah, ajah, ajah, ajah

FA                                SOL
ah ah ah, ajah, ajah, ajah ah ahhh!

   DO                 LAm
Tú tienes, una carita deliciosa,

  FA                  SOL
y tienes, una figura celestial.

   DO                     LAm
Tú tienes, una sonrisa contagiosa,

         FA SOL              DO  /C/C /Bb/Bb /A/A /G/G F
pero tu pelo, ay! qué calamidad.

     FA
Se paran de punta, como un cuerpo espín,

  DO
pareces la estatua, de San Peluquín.

   FA
Ni tres peluqueros, te alcanzan a ti,

    RE7                 SOL
con peines de aceros, y sierra sin fin.

   DO                     LAm
Tú tienes, una sonrisa contagiosa,

         FA SOL                     DO
pero tu pelo, es un desastre universal.
```

Ajah, ajah, ajah, ajah

LAm
ah ah ah, ajah, ajah, ajah

FA SOL
ah ah ah, ajah, ajah, ajah, ah ahhh!

DO LAm FA SOL DO /C/C /Bb/Bb /A/A /G/G F
Vamos!

FA
Se paran de punta, como un cuerpo espín,

DO
pareces la estatua, de San Peluquín.

FA
Ni tres peluqueros, te alcanzan a ti,

RE7 SOL
con peines de acero, y sierra sin fin.

DO LAm
Tú tienes, una sonrisa contagiosa,

FA SOL DO
pero tu pelo, es una calamidad.

Ajah, ajah, ajah, ajah

LAm
ah ah ah, ajah, ajah, ajah

FA SOL
ah ah ah, ajah, ajah, ajah, ah ah ahhh!

DO
Despeinada, twist, twist, twist,

LAm
despeinada, twist, twist, twist,

DO
Despeinada, twist, twist, twist,

LAm
despeinada, twist, twist, twist,

DO
Despeinada, twist, twist, twist.

DOS GARDENIAS

Antonio Machín

MIm RE DO SI7 / MIm MI7 LAm MIm SI7 MIm

SI7 MIm
Dos gardenias para ti,

SI7 MIm SI7
con ellas quiero decir,

MIm SI7 MIm DO/SI7 DO/SI7
te quiero, te adoro, mi vida.

FA#
Ponles toda tu atención

LAm SI7 MIm
porque son tu corazón y el mío.

SI7 MIm
Dos gardenias para ti,

MI7 LAm
que tendrán todo el calor de un beso.

MIm
De esos besos que te di

SI7
y que jamás encontrarás

MIm
en el calor de otro querer.

SI7 MIm SI7 MIm
A tu lado vivirán y te hablarán

FA# DO/FA#
como cuando estás conmigo

LAm SI7 MIm
y hasta creerás que te dirán te quiero.

SI7 MIm
Pero si un atardecer

MI7 LAm
las gardenias de mi amor se mueren

MIm
es porque han adivinado

```
                    SI7
que tu amor se ha terminado

                  MIm
porque existe otro querer.

   SI7      MIm  SI7     MIm
A tu lado vivirán y te hablarán

                 FA#       DO/FA#
como cuando estás conmigo

        LAm          SI7   MIm
y hasta creerás que te dirán te quiero.


   SI7        MIm
Pero si un atardecer

                     MI7      LAm
las gardenias de mi amor se mueren

                 MIm
es porque han adivinado

                     SI7
que tu amor se ha terminado

                  MIm
porque existe otro querer.
```

MI ÁRBOL Y YO

Alberto Cortez

MI DO#
Mi madre y yo lo plantamos en el límite del patio

FA# SI7
donde termina la casa

FA# SI7
fue mi padre quien lo trajo yo tenía cinco años

MI
y el apenas una rama

SI7 MI DO#
al llegar la primavera abonamos bien la tierra

FA#
y lo cubrimos de agua

FA# SI7
con trocitos de madera hicimos una barrera

MI
para que no se dañara

FA# SOL#7 DO#
mi árbol brotó mi infancia pasó

LA MI SOL#7 DO#
y hoy bajo su sombra que tanto creció

LA MI SI7 MI
tenemos recuerdos mi árbol y yo

SI7 MI DO#
Con el correr de los años con los pantalones largos

FA# SI7 FA#
me llegó la adolesencia fue a la sombra de mi árbol

SI7 MI
una siesta de verano donde perdí la inociencia

SI7 MI DO#
luego fue tiempo de estudios con regresos a menudo

FA# SI7 FA#
pero con plena conciencia que inciaba un largo viaje

SI7 MI
solo de ida el pasaje y así me ganó la ausencia

FA#
mi árbol quedó etc....

```
               MI
muchos años han pasado

               DO#
hoy por fin he regresado

      FA#
a mi terruño querido

SI7         FA#
y en el límite del patio

                 SI7                    MI
ahí me estaba esperando como se espera a un amigo

        SI7     MI
parecía sonreirme

                     DO#                FA#
como queriendo decirme mira estoy lleno de nidos

SI7       FA#
ése árbol que plantamos

         SI7                   MI
hace veintitantos años siendo yo apenas un niño

           FA#  SOL#7      DO#
aquél que brotó y el tiempo pasó

LA               MI SOL#7     DO#
mitad de mi vida con él se quedó

                 FA#                  LA
y hoy bajo su sombra que tanto creció

                 FA#     SI7      MI
tenemos recuerdos mi árbol y yo
```

YO TE AMO

Sandro

REm - SOLm - REm - SOLm - REm - SOLm - REm - SOLm - REm LA7

REm - SOLm - REm

```
           SOLm                     DO7
Por ese palpitar que tiene tu mirar

             FA                    REm
yo puedo presentir que tú debes sufrir

                SOLm                DO7
igual que sufro yo por esta situación

              FA        LA7              REm RE7
que nubla la razón sin permitir pensar


                     SOLm                  DO7
En que ha de concluir el drama singular

                      FA                   REm
Que existe entre los dos tratando simular

                    SOLm                    DO7
Tan solo una amistad mientras en realidad

              FA         LA7               REm
Se agita la pasión que muerde el corazón

     LA7             REm SOLm     REm  SOLm            REm
Y que obliga a callar      yo te amo...        yo te amo


                 SOLm                DO7
Tus labios de rubí de rojo carmesí

               FA                    REm
Parecen murmurar mil cosas sin hablar

                    SOLm           LA7
Y yo que estoy aquí sentado frente a ti

                 REm      LA7             REm  RE7
Me siento desangrar sin poder conversar


                 SOLm                DO7
Tratando de decir tal vez será mejor

                    FA                      REm
Me marché yo de aquí para no vernos más
```

SOLm DO7
Total que más me da ya sé que sufriré

FA LA7 REm
Pero al final tendré tranquilo el corazón

LA7 REm SOLm
y al fín podré gritar

REm SOLm REm SOLm REm LA7 REm SOLm REm

SOLm REm
Yo te amo yo te amo... yo te a - a - mo

AMIGO

Roberto Carlos

```
SIm  MIm LA SIm
SIm  MIm LA SIm

   SIm                                         MIm
Tú eres mi hermano del alma, realmente el amigo,
         LA                                       RE
que en todo camino y jornada está siempre conmigo.
     SOL                                      MIm
Aunque eres un hombre aún tienes alma de niño,
FA#7                                         SIm
aquel que me da, su amistad, su respeto y cariño...

   SIm                                         MIm
Recuerdo que juntos pasamos muy duros momentos,
  LA                                          RE
y tú no cambiaste por fuertes que fueran los vientos...
  SOL                              MIm
Es tu corazón una casa de puertas abiertas,
  FA#7                                       SIm
tú eres realmente el más cierto en horas inciertas...

SIm MIm LA SIm
SIm  MIm LA SIm

   SIm                                        MIm
En ciertos momentos difíciles que hay en la vida,
   LA                                           RE
buscamos a quien nos ayude a encontrar la salida
   SOL                                          MIm
Y aquella palabra de fuerza y de fe que me has dado,
    FA#7                                          SIm
me da la certeza, que siempre estuviste a mi lado

   SIm                                 MIm
Tú eres mi amigo del alma en toda jornada,
   LA                              RE
sonrisa y abrazo festivo a cada llegada
```

SOL MIm
me dices verdades tan grandes con frases abiertas

FA#7 SIm
tú eres realmente el más cierto de horas inciertas...

SIm MIm LA SIm

SIm MIm LA SIm

SIm MIm LA
No preciso ni decir, todo eso que te digo, pero es bueno así sentir

SIm
que eres tú mi gran amigo.

SIm MIm LA
No preciso ni decir, todo eso que te digo, pero es bueno así sentir

SIm
que yo tengo gran amigo

SIm
que yo tengo gran amigo.

GWENDOLYNE

Julio Iglesias

MIm LAm
Tan dentro de mí

RE
conservo el calor

SOL
que me hace sentir

SI7 MIm
conservo tu amor

LAm
tan dentro de mí

MIm
que aún puedo vivir

SI7
muriendo de amor

MIm
muriendo de ti.

MI7 LAm
Como buscan las olas

RE
la orilla del mar

SOL
como busca un marino

SI7 MIm
su puerto y su hogar

LAm
yo he buscado en mi alma

SI7
queriéndote hallar

MIm
y tan solo encontré

SI7 MIm
mi soledad.

MI7 LAm
A pesar de estar lejos

RE
tan lejos de ti

SOL
a pesar de otros besos

SI7 MIm
quizás Gwendolyne

LAm
aún recuerdes el tiempo

SI7
de aquel nuestro amor

MIm-MI7
aún te acuerdes de mí.

LAm
Gwendolyne,

RE
se quiebra mi voz al nombrarte

SOL
mi mirar se nuble al recordarte

SI7 MIm
y pensar que en dos manos

LAm
un día se unieron dos almas

SI7
y de aquello de ayer

MIm
ya nada quedó.

MI7 LAm
Aún recuerdo aquel ayer

RE
cuando estabas junto a mí

SOL
tú me hablabas del amor

SI7 MIm
yo podía sonreír

LAm
aún recuerdo aquel amor

MIm SI7 MIm
y ahora te alejas de mí.

MI7 LAm
Le he pedido al silencio

RE
que me hable de ti

SOL
he vagado en la noche

SI7 MIm
queriéndote oír

LAm
y al murmullo del viento

SI7
le he oído decir

MIm final LAm-MIm- SI7-MIm
tu nombre Wendolyne.

HIMNO A LA ALEGRÍA

Miguel Ríos

LA MI7 FA#m MI7
Escucha hermano la canción de la alegría

LA MI7 FA#m SI7 MI7 LA
el canto alegre del que espera un nuevo día

MI7 LA MI7 LA
ven canta, sueña cantando

MI7 LA DO#7 FA#m SI7 MI7
vive soñando el nuevo sol

LA SOL RE MI7 FA#m SI7 MI7 LA
en que los hombres volverán a ser hermanos,

MI7 LA MI7 LA
ven canta, sueña cantando

MI7 LA DO#7 FA#m SI7 MI7
vive soñando el nuevo sol

LA SOL RE MI7 FA#m SI7 MI7 LA RE7
en que los hombres volverán a ser hermanos.

SOL RE7 SOL RE7
Si en tu camino solo existe la tristeza

SOL RE7 MIm LA7 RE7 SOL
y el llanto amargo de la soledad completa

RE7 SOL RE7 SOL
ven canta, sueña cantando

RE7 SOL SI7 MIm LA7 RE7
vive soñando el nuevo sol

SOL RE7 MIm LA7 RE7 SOL MI7
en que los hombres volverán a ser hermanos.

LA MI7 FA#m SI7 MI7
Si es que no encuentras la alegría en esta tierra

LA MI7 FA#m SI7 MI7 LA
búscala hermano más allá de las estrellas

MI7 LA MI7 LA
ven canta, sueña cantando

MI7 LA DO#7 FA#m SI7 MI7
vive soñando el nuevo sol

LA SOL RE MI7 FA#m SI7 MI7 LA
en que los hombres volverán a ser hermanos.

JINETES EN EL CIELO

Pedro Vargas

MI
En una noche oscura

SOL
de terrible tempestad

MI
cruzando por el valle

SOL
iba un jinete en su corcel.

MI
De pronto vio en el cielo
con radiante claridad

DO
rebaño de mil vacas,

MI
fantasmas a tropel.

SOL MI
arre-a-e, arre-a-o

DO MI
el lúgubre clamor...

MI
Los ojos de esas bestias

SOL
eran brazas al mirar

MI
el casco de sus patas

SOL
centelleaban al pisar.

MI
sus trágicos bramidos
tenían algo de infernal

DO
sus cuernos eran negros

MI
con brillo de metal

SOL MI
arre-la-mi, arre-la-o

DO MI
el lúgubre clamor...

MI
Detrás de la manada

SOL
cabalgando sin cesar,

MI
jinetes celestiales

SOL
la trataban de alcanzar.

MI
Entonces el vaquero solitario
oyó una voz,

DO
la voz de su conciencia

MI
como una maldición.

SOL MI
arre-a-e, arre-a-o

DO MI
el lúgubre clamor...

MI
Si quieres salvar tu alma

SOL
y saber lo que es la paz

MI
tú debes apartarte

SOL
por tu bien de la maldad.

MI
Si no tendrás por fuerza
que venir siempre detrás

DO
arreando este rebaño

MI
toda una eternidad.

SOL MI
arre-a-e, arre-a-o

DO MI
el lúgubre clamor...

CUANDO CALIENTA EL SOL

Hermanos Rigual

RE DO7 RE
Amor estoy solo aquí en la playa

SOL RE
es el sol quien me acompaña

MIm LA7
y me quema y me quema y me quema.

RE SIm
Cuando calienta el sol

FA#m
aquí en la playa

SOL LA7
siento tu cuerpo vibrar

RE SI7
cerca de mí.

MIm LA7
Es tu palpitar

RE SIm
es tu cara es tu pelo

FA#m
son tus besos

SOL LA7
me estremezco oh oh oh oooh.

RE SIm
Cuando calienta el sol

FA#m
aquí en la playa

SOL LA7
siento tu cuerpo vibrar

RE SI7
cerca de mí.

MIm DO7
Es tu palpitar

RE SIm
tu recuerdo mi locura

FA#m SOL LA7
mi delirio me estremezco oh oh oh oooh

LA7 RE
cuando calienta el sol

LA7 RE
cuando calienta el sol

A MI MANERA

Raphael

```
     MI              SOL#m            SIm        DO#7
El final se acerca ya lo esperaré serenamente

  FA#m         FA#m7          SI7                  MI
ya vez yo he sido así te lo diré sinceramente.

           MI7              LA             LAm
Viví la inmensidad sin conocer jamás fronteras

    MI             SI7              FA#m7  MI
jugué sin descansar y a mi manera.
```

```
MI            SOL#m                   SIm            DO#7
Jamás viví un amor que para mí fuera importante

  FA#m             FA#m7      SI7             MI
corté solo la flor y lo mejor de cada instante.

             MI7            LA                   LAm
Viajé y disfruté no sé si más que otro cualquiera

      MI               SI7             FA#m7   MI
si bien todo esto fue a mi manera.
```

```
          MI              MI7              LA
Tal vez lloré o tal vez reí, tal vez gané o tal vez perdí

        FA#m7         SI7       SOL#m      DO#m
ahora sé que fui feliz, que si lloré también amé

        FA#m7            SI7     FA#m7    MI
puedo seguir hasta el final a mi manera.
```

```
  MI               SOL#m              SIm                DO#7
Quizá también dudé cuando yo más me divertía

    FA#m        FA#m7          SI7                 MI
quizá yo desprecié aquello que no comprendía.

             MI7            LA              LAm
Hoy sé que firme fui que afronté ser como era

  MI            SI7        FA#m7   MI
y así logré vivir a mi manera.
```

MI   MI7   LA
Porque sabrás que un hombre en ti conocerás

FA#m7   SI7
por eso vivir no hay porque hablar ni que decir

SOL#m   DO#m   FA#m7   SI7
ni recordar, ni que fingir, puedo seguir hasta el final

FA#m7 MI
a mi manera.

VIVIR ASÍ ES MORIR DE AMOR

Camilo Sesto

```
SIm
Siempre me traiciona la razón

                    MIm
y me domina el corazón

        LA              RE FA#7
no sé luchar contra el amor

  SIm
siempre me voy a enamorar

                        MIm
de quien de mí no se enamora

LA                     RE
es por eso que mi alma llora.


 MIm           SIm MIm         SIm
Y ya no puedo más, ya no puedo más

MIm                         LA
siempre se repite la misma historia

MIm           SIm MIm         SIm
ya no puedo más, ya no puedo más

      MIm                        LA
estoy harto de rodar como una noria.


  RE          FA#m
Vivir así es morir de amor

LAm                        RE7
y por amor tengo el alma herida

LAm     SOLm                         RE
por amor no  quiero más vida que su vida

         LA
melancolía.
```

RE FA#m
Vivir así es morir de amor

LAm RE7
soy mendigo de sus besos

LAm SOLm RE
soy su amigo, quiero ser algo más que eso

LA
melancolía.

SIm
Siempre se apodera de mi ser

MIm
mi serenidad se vuelve locura

LA RE FA#7
y me llena de amargura

SIm
siempre me voy a enamorar

MIm
de quien de mí no se enamora

LA RE
es por eso que mi alma llora.

MIm SIm MIm SIm
Y ya no puedo más, ya no puedo más

MIm LA
siempre se repite la misma historia

MIm SIm MIm SIm
ya no puedo más, ya no puedo más

MIm LA
estoy harto de rodar como una noria.

RE FA#m
Vivir así es morir de amor

LAm RE7
y por amor tengo el alma herida

LAm SOLm RE
por amor no quiero más vida que su vida

LA
melancolía.

BURBUJAS DE AMOR

Juan Luis Guerra

DO SOL FA SOL

DO
Tengo un corazón

SOL
Mutilado de esperanza y de razón.

REm
Tengo un corazón

FA REm SOL
Que madruga donde quiera.

FA SOL
Ayayayayayay

DO
Y este corazón

SOL
Se desnuda de impaciencia ante tu voz.

REm
Pobre corazón,

FA REm SOL
Que no atrapa su cordura.

FA SOL DO
Quisiera ser un pez,

SOL
Para tocar mi nariz en tu pecera,

REm
Y hacer burbujas de amor por donde quiera

FA REm SOL
Uohhoohh Pasar la noche entera

FA SOL
Mojado en ti.

DO
Un pez,

SOL
Para bordar de corales tu cintura

REm
Y hacer siluetas de amor bajo la luna

FA REm SOL
Uohhoooh Saciar esta locura

FA SOL
Mojado en ti.

DO SOL REm LAm LA# FA REm7 SOL
Canta corazón, con un ansia imprescindible de ilusión,
sueña corazón, no te nubles de amargura. Ayayayayayay.
Y este corazón, se desnuda de impaciencia ante tu voz.
Pobre corazón, que no atrapa su cordura.

FAm SOL DO
Quisiera ser un pez,

SOL
Para tocar mi nariz en tu pecera,

REm
Y hacer burbujas de amor por donde quiera

FA REm SOL
Uohhoohh Pasar la noche entera

FA SOL
Mojado en ti.

DO
Un pez,

SOL
Para bordar de corales tu cintura

REm
Y hacer siluetas de amor bajo la luna

FA REm SOL
Ohh oohh Saciar esta locura

FA SOL DOm
Mojado en tiiiiiiiiiiiiii

LA# SOLm
Una noche, para hundirnos

REm SOLm SOL#
Hasta el fiiiiiiiin

LA# SOLm
Cara a cara, beso a beso

REm SOLmSOL# LA#
Y viviiiiiiiiir por siempre

DO
Mojado en ti

DO SOL REm FA REm SOL

En la misma colección:

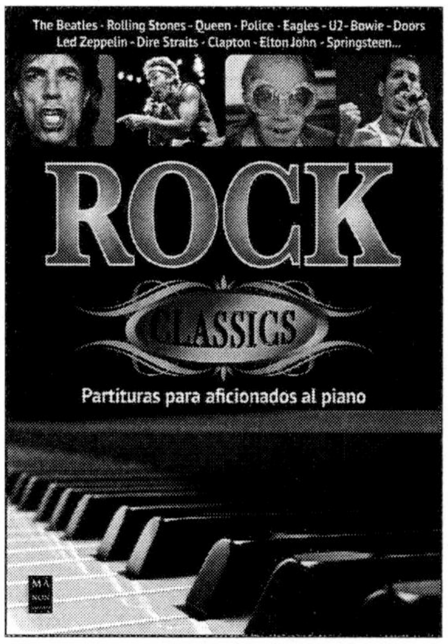

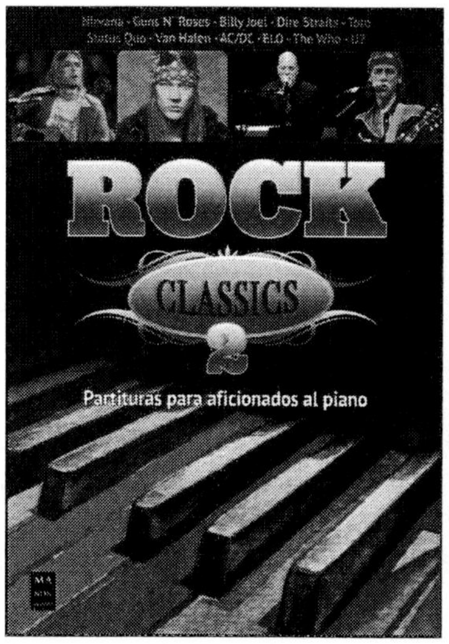